영화, 또 다른 시선

이 도서의 국립중앙도서관 출판예정도서목록(CIP)은 서지정보유통지원시스템
홈페이지(http://seoji.nl.go.kr)와 국가자료종합목록 구축시스템(http://kolis-net.
nl.go.kr)에서 이용하실 수 있습니다. (CIP제어번호 : CIP2020019619)

정유진의 맛깔나는 영화이야기 5

영화, 또 다른 시선

정유진 지음

토담미디어

따뜻한 평화의 날을 기다리며

영화는 작품마다 성격이 다르다.

감독의 연출과 투자제작자의 취향에 따라 조율되기 때문이다. 영화는 상당히 까다롭고 위험하고 거기에 현실적인 소스가 뿌려져야 완성되는 지능적인 예술이라 할 수 있다. 제작비도 투자사의 조건에 따라 비율이 나눠진다.

주인공들의 캐스팅이 배역과 맞아야 하고 웃기는 말 같지만 운도 따라야 한다. 때문에 화면으로 비춰지는 카메라의 기술은 그에 상응하는 영상기법을 선보여야 살아남는 세계다.

가장 중요한 것은 감독들이 메시지전달에 있어서 관객의 마음에 울림을 불어넣을 수 있어야 한다.

이런 다양한 욕구를 분석하고 영상기법에 활용된 과학적인 분석도 더불어 찾아내 비평을 가하는 게 평론가의 일이다. 그럼에도 나는 그렇게 하지 못했음을 인정한다. 영화를 보면서 논평 거리를 찾다가도 감독이나 제작진, 배우들의 노고가 떠오르기 때문이다. 평론이 대순가.

좋은 작품이란 한 개인이 만족하면 그 사람에겐 최고의 가치로 인정되는 이유다.

어찌됐건, 나는 또 다른 영화책을 내기로 작정했다. 이 서문을 읽고 있는 그대를 믿고 말이다.

지구촌이 코로나19 때문에 위기에 처해 있다.

질병본부에서는 날마다 브리핑을 하면서 사망자와 확진자의 수를 전달해 준다. 겁나고 무서워 영화관은 끊은 지 한참이 지났다. 집밖을 마음대로 나가지 못하니 우울하고 살이 빠진다. 특히 애정하는 이탈리아의 위기 소식은 가슴을 답답하게 짓누른다.

하루속히 모두가 이 어둠의 터널에서 벗어나길 소원해 본다. 따뜻한 평화의 날을 기다리며.

2020년 5월

잠원동에서 정유진

CONTENTS

CHAPTER **01**

아가씨 The handmaiden (한국, 2016)

로마 Roma (멕시코, 2018)

더 와이프 The Wife (영국 스웨덴, 2017)

레버넌트: 죽음에서 돌아온 자 The Revenant (미국, 2015)

가버나움 Capharnaum (레바논 프랑스, 2018)

디바인스 DiVines (프랑스 카타르, 2016)

부탁 하나만 들어줘 A simple Favor (미국, 2018)

셰이프 오브 워터: 사랑의 모양 The Shape of Water (미국, 2017)

코코 CoCo (미국, 2017)

아가씨 The handmaiden, 2016, 한국

정신과학자들은 유전적인 결과물로 어느 한 쪽 성에 가깝게 유전자가 도달하면 그쪽으로 애정이 생긴다고 한다. 프로이트는 모든 사람에게 남성인 아니무스와 여성성인 아니마를 갖고 있다고 말했다. 결론적으로 사람이라면 누구나 양성이 있다는 의미다. 그리스 신화를 보면 신들의 세계에도 동성애가 있었다. 19세기 중엽까지 대부분의 유럽국가에서는 동성애자들에게 사형을 시켰다.

영화, '아가씨'는 재산에 눈이 멀어 변태적괴물이 된 이모부의 손아귀에서 탈출하는 히데코의 여정이다. 쉽지 않은 사건들이 꼬리를 물고 과정 중에 생겨나는 진한 동성애의 결말이다. 첫 장은 원작의 예를 갖춰 그 시대를 알려주는 신으로 주인공인 히데코가 하녀의 도움을 받아 한껏 졸라매는 코르셋 입는 장면으로 시작한다.

영화를 읽어본다.

부모를 잃은 꼬마아가씨 히데코(김민희 분)는 대저택과 유산을 물려

받지만 감당할 수 없다. 욕심 많은 이모부 코우즈키(조진웅 분)가 후견인으로 들어와 재산과 하녀들까지 자기 것인 양 마음 가는 대로 행동한다. 부인이나 하녀들이나 누구도 그의 난폭함에 대항하지 못한다.

그는 부인이 목을 매달고 죽자 조카의 전 재산을 자신의 것으로 만들기 위해 어린 조카의 동의도 없이 제멋대로 약혼자로 정한다. 그는 날마다 히데코에게 음란서적 낭독을 연습시킨다. 그런 다음 책에 있는 그림들이 보고 싶어 안달하는 남자들에게 책을 경매부쳐 팔아먹는다. 히데코는 고객으로 모여든 남자들이 좀 더 흥분할 수 있도록 리얼한 낭독을 강요받게 된다. 백작(하정우 분)이라 불리는 고객이 히데코와 코우즈키의 불편한 관계를 알고 히데코에게 다가온다.

그녀와 결혼해 재산을 빼앗으려는 심사였지만 눈치 빠른 아가씨가 도리어 타협하길 요청한다. 백작이 숙희(김태리 분)라는 아이를 아가씨 하녀로 들여보내며 혼돈과 반전의 서막이 시작된다.

영화는 1부, 2부, 결미로 나눠 얼핏 난해한 영상으로 보일 수 있다. 마지막 반전의 영상을 보이며 감독의 메시지나 각본의 구성이 한꺼번에 벗겨진다. 관객은 약간 지칠 수도 있는 감독 특유의 느와르적 내레이션 기법이 영화에 새로운 옷을 덧입힌 것 같아 새롭다. 우선 서막이 히데코가 아닌 하녀 숙희로부터 전해 듣게 된다. 자신과 백작의 수작으로 히데코가 백작을 좋아하게 함으로써 히데코의 상속을 가로채 나눌 수 있다는 희망찬 음모를 관객들에게 자상하게 털어놓는다.

숙희 역의 김태리가 순박한 음성으로 자신의 시선으로 본 백작과 아가씨와의 관계 코우즈키, 코우즈키의 부인이며 정신을 놓은 이모, 다른 하녀들 등의 일상을 들여다보며 영상은 열린다. 숙희나 히데코가 애초부터 레즈비언은 아니다. 서로가 이용을 하고 이용을 당하면서 애착이 갔고 변질되었거나 아니면 진실이라는 포장아래 사랑이 자연스럽게 이루어졌을 확률이 높다.

아가씨는 어눌하면서 순박하게 자신의 신변을 위해 철저히 위장하며 살아간다. 그런 위태로운 삶을 가장 잘 표현해 낸 배우가 히데코의 김민희라는 생각이 든다.

그녀는 아가씨이면서 차가운 연기자였고 팜므파탈의 낭독가로 많은 남성들의 시선을 사로잡았다. 낮고 정확한 발음과 어딘지 깊은 속내가 따로 있을 것 같은 실제 그녀의 목소리와 일치해 보인다.

감독은 김민희의 주인공 캐스팅에 대해 영화, '화차'를 보고 결심했다고 한다. 하지만 구태여 영화 속의 연기만을 보지 않더라도 이 영화, '아가씨'에는 어쩌면 가장 뛰어난 모던미를 갖춘 배우가 아닐까 하는 다수 비평가들의 생각이다. 어설퍼 보이는 히데코의 일상들이 김민희의 차분함과 냉철함으로 소름 돋게 업그레이드 시킨다. 그럼에도 영화는 자연스럽지 못한 몇 장면에서 관객들의 마음을 만족시키지는 못했다.

예를 들면, 하정우의 정사신이다. 그는 아가씨를 녹이기 위해 키스를 하고 가슴을 주무르고 갖은 노력을 해보지만 관객들의 시선에서는 어색하고 민망하기 짝이 없다. 가슴을 만지는 게 아니라 왼손이 김민희의 가슴에 조심스럽게 올려놓고 스크린에서 보이지 않게 어떻게든 막아보려 노력하는 게 역력했다. 백작이 아닌 하정우가 김민희라는 여배우를 보호하고 배려하기 위한 신으로 보일 뿐이다. 그는 정사신과는 전혀 어울리지 않았고 최고의 배우를 감독 박찬욱이 망쳐놓은 건 아닌지 모르겠다는 생각마저 들 정도였다.

실화를 바탕으로 한 나홍진 감독의 영화, '추격자'에서 연쇄살인범인지영민을 연기한 하정우는 소름 돋는 연기로 관객을 숨죽이게 했다. 그런 내면의 깊은 연기까지 소화해내는 배우의 저력을 갖고 있었지만 정사신은 그에게 무리였다. 백작이라는 호칭도 그다지 어울리지 않아보였고 차라리 못된 사기꾼이면 나을 뻔하다. 먹방의 지존으로 숙희 앞으로 걸어가며 사과를 배어 무는 장면이 남자답고 하정우 다운 매력이 순간 튀어나왔다.

히데코와 숲속을 거닐며 한 개비의 담배를 피워 물던 장면만 섹시할 뿐 그 이상은 없었다. 어쨌거나 '아가씨'에서 김태리와 김민희는 동성애의 한국적 묘사에 그쳤지만 나름 관객들의 시선을 잡고 있었던 것은 그녀들의 과감한 노출신이다.

히데코는 밤마다 숙희를 침대로 끌어들여 그들만의 정사 놀이를 벌인다. 앞으로 일어날 백작과의 첫날밤에 대처해서 연습중이다. 아가씨를 하루라도 빨리 백작과 결혼시켜 재산을 나눠 갖기로 한 숙희는 있는 힘을 다해 노력한다. 사탕을 입술에 바른 뒤 달콤한 첫날밤의 키스는 사탕처럼 달다, 라는 식으로 아가씨를 안심시키는 장면에서 김태리라는 신인배우를 생각해보게 된다.

아가씨와의 격렬한 정사 신에서도 김태리는 행동 하나하나에 백작을 걸어 넣는다. 어떤 행위를 취할 때마다 "백작은 이렇게 부드럽게 하실 겁니다. 아무걱정마세요"라며 백작과의 결혼을 흥분된 상태에서도 잊지 않고 부추긴다. 매 장면을 능청스럽게 연기해 앞으로 그녀의 연기가 관객들이 생각하는 그 이상의 열연을 보게 될 것 같다.

이모 역을 맡은 문소리의 연기는 무르익은 망고 같다. 특별히 예쁜 모양새를 갖춘 것도 아닌데 일본사람의 기모노만 걸친 잰걸음걸이에 정신 줄은 놓아버린 열연에 관객들의 시선이 떠날 줄 모른다. 그녀는 연기에 막힘이 없었다.

박찬욱 감독의 이 영화 '아가씨'를 보면 많은 영화들이 떠오른다. 특히 '올드보이'에서 이유도 모른 채, 15년이란 감방생활을 하던 오대수가 구역질이 날 정도로 매일 먹어야했던 만두가 있다. 마치 아가씨의 히데코가 코우즈키의 하수인이 되어 자신이 하지 않으면 지하실로 감금

되는 현실을 피하기 위해 낭독을 쉬지 않고 해야 하는 것과 일치한다.

또한, 오대수와 그의 딸이 서로가 알지 못한 채 근친상간을 저지르는 장면과 알고는 있지만 돈에 눈이 먼 이모부가 어린 조카딸을 약혼자로 만들어 버리는 일이 다르지 않아 보인다.

히데코는 코우즈키에게 복수를 하기 위해 백작을 가까이 한다. 백작은 히데코의 유산을 가로 채기 위해 그녀와의 결혼을 서두른다. 히데코는 자신을 대신할 희생양을 숙희로 선택한다. 백작은 고아인 숙희에게 재산을 나눠 주는 대신 히데코가 자신과 결혼할 수 있게 노력하라는 지시를 내린다. 히데코를 만난 숙희, 둘은 서로 사랑에 빠진다.

결국, 히데코와 백작의 계략, 백작과 숙희의 음모, 히데코와 숙희의 숙명적인 만남은 박찬욱 감독의 반전 없는 영화는 없다는 사명감과 다르지 않다. '올드보이'에서 감독은 오대수가 학교로 가 과거의 기억을 회상하며 현재의 상황과 오버랩 시키는 장면을 사용했다. 오대수는 카메라를 따라 우진의 뒤를 밟는다. 우진은 사촌 수아를 만나 옷을 벗기고 가슴을 만진다. 흥분한 수아는 가져간 거울을 꺼내 보며 자신의 모습에 도취된다.

히데코 역시 지난 일들을 되돌아보며 현실과 과거의 순간들을 관객에게 설명한다. 백작과 자신이 정사를 벌일 때도 수아가 거울을 놓지 않은 것처럼 히데코는 와인을 마시며 잔을 놓지 않는다. 두 영화가 볼수록 닮았다는 생각이 든다.

히데코는 백작을 죽음으로 몰아가기 위해 잔을 들었지만 수아처럼 자아도취도 포함되어있다. 그리스 신화에 나오는 강의 신 '케피소스'와 강의 요정 '리리오페'의 아들 나르키소스가 자신의 모습에 반하는 행위를 보면 히데코와 수아의 행위가 같은 맥락이다.

영화는 숙희가 시작하여 히데코로 넘어갔고 백작은 사기를 치기위한 포석을 깔아두었다. 그들은 서로의 야망과 사기성이 엉켜 본분을 잃는다. 이모의 죽음으로 히데코는 목을 매는 것쯤은 그다지 두렵지 않다. 이모부의 잔인한 변태적 기질을 참지 못하고 히데코는 이모가 그랬던 것처럼 나무에 긴 줄을 매달고 목을 맨다.

자유는 죽음만이 허용될 것 같았다. 하지만 그렇게 영화는 쉽게 끝나지 않는다. 어디서든 무슨 일이 생기면 득달같이 달려와 아가씨를 구해내는 숙희가 있기 때문이다. 서로의 사기성을 숨기고 살았지만 서로가 고백한다. 숙희도 진심으로 용서를 구하고 그들만의 새로운 사기극은 벌어진다. 바로 극의 마지막 충격적 반전이 대박이다.

두 여인은 힘을 합친다. 코우즈키에게 저항의 의미로 그가 아끼는 서재를 무너뜨린다. 서적들이 물속에 빠지고 서재 가운데 고개를 빳빳이 들고 있는 권력의 상징물인 뱀의 머리통을 박살내고 희열을 느낀다. 뱀의 동상이 무너지는 것은 바로 힘의 몰락을 보여주는 장면이다.

반전에 반전을 거듭한 영화의 결미는 두 여인의 진한 러브신이다. 망망대해를 바라보는 두 여인의 시선에서 그들은 자유를 찾았고 코우즈키와 백작의 죽음에서 정의의 메시지를 본다.

영화가 끝나고 히데코의 대사가 기억에서 살아난다. '넌 내 인생을 망치러온 나의 구원자.' 짜릿한 단어다.

영화는 원작이라든가 시나리오의 각본에 충실했다 하더라도 박찬욱 감독의 연출력엔 그만의 특징적인 미장센이 묻어있다. 그렇기에 비평가들이나 관객들은 감독의 이름만 보고 영화를 선택하는 경우가 많은 이유다.

관객들은 김민희의 행위에서 우아하고 모던한 느낌을 받는다. 배우들의 연기력도 영화의 흥행을 판가름하지만 그들의 위상은 메마른 우물에 물을 채우듯 갈증을 해소시켜주는 촬영감독과 의상감독 조상경이란 디자이너가 존재하기 때문이다.

영화는 여성들의 억압받던 시대를 통쾌하게 그려냈고 불만이 없지 않았지만 새로운 장르를 보여주는데 성공했다.

로마 Roma, 2018, 멕시코

　미국의 사실주의 화가 에드워드 호퍼는 그리니치 에비뉴의 한 식당에 있던 손님들의 모습에서 영감을 받아 '밤을 지새우는 사람들'을 그렸다. 비평가들은 그림 속에서 고독의 절절함을 보았다고 말했다. 그만큼 그림속의 배치와 채색이 마음을 훔친다는 의미다.

　이 영화 '로마'는 불안전한 사회의 약자들인 여자와 아이들이 주축이다. 그림에서 사람의 마음을 읽을 수 있는 것처럼 흑백의 한줄기 빛만으로 그들을 감싸고 슬픔과 사랑을 융합시키는 최고의 영상을 보여준다.

　영화를 읽어본다.

　멕시코시티의 한 지역인 로마에 살고 있는 중산층 가족의 일상이 시작된다. 가정부인 클레오(알리차 아파리시오 분)는 이 방 저 방을 돌아다니며 흩어진 빨랫감을 걷고 현관 앞 타일바닥에 널린 애견 보라스의 변을 씻어낸다. 타일 위로 흘러가는 물거품은 밀려드는 하얀 파도처럼 소리를 낸다. 물거품이 사라지면 물그림자 위로 비행기 한대가 수평으로 지나간다.

클레오는 동료 아델라의 사촌소개로 페르민을 만나고 사랑에 빠진다.

주인집 남자는 바람이 나서 집을 나가고 아내 소피아(마리나 데 타비라 분)는 그런 남편의 모습을 아이들에게 보이지 않기 위해 클레오를 포함해 해변으로 여행을 떠난다. 신이 난 아이들은 일렁이는 바다 속으로 겁 없이 뛰어들다 파도에 휩싸인다. 수영을 전혀 하지 못하고 바다를 무서워하는 클레오는 아이들을 구하기 위해 서슴없이 물 속으로 들어간다.

이 영화는 처음 상영될 때부터 알폰소 쿠아론 감독의 자전적 이야기라는 것을 강조해왔다. 쿠아론 감독의 어릴 적 멕시코의 불안했던 상황이라든가 그가 자라면서 가정부였던 클레오와의 편견 없는 가족애를 연민 가득한 마음으로 영상을 펼치고 있다. 그가 바라본 클레오의 일상은 촬영감독이 특별히 할 것이 없을 정도다. 감독은 자신이 직접 카메라를 들고 클레오의 시선을 묵묵히 따라가며 어떠한 잡음도 타협 없이 조용하게 담아낸다.

흑백으로 처리된 영상의 위력은 대단하다. 컬러화면에 익숙한 관객들은 약간의 지루함을 느낄 수도 있겠다. 어느 순간 이런 답답함은 잔잔한 호수에 돌을 던지듯 일렁인다. 차츰 몰입도가 높아지는 깊은 내공의 시퀀스를 만끽할 수 있는 감성영화로 치환된다. 클레오가 모시는 여주인

소피아는 바람난 남편의 빈자리를 늙은 어머니와 어린 아이들과 가정부가 한 가족처럼 뭉쳐 사회적 불안감이 최고조인 로마에서 살아남으려 진땀을 흘린다.

남편이 생활비를 부쳐주지 않아 생화학자이면서도 다른 일을 잡아야 하는 소피아와 임신 사실을 알리자 도망 가버리는 연인을 둔 클레오는 계층이 없는 같은 비극적인 여인들이다.

감독은 두 여인을 하나의 가족으로 뭉치고 진한 클라이맥스를 위한 휴가를 보낸다. 클레오는 떠난 연인과 자신이 원하지 않던 아이의 사망 선고를 들으며 통한의 눈물을 흘린다. 소피아는 찌든 생활고에 고통스러워한다. 그래서 두 여인은 서로의 상처를 알지만 말하지 않는다.

불안감이 극에 달하던 1970년대의 멕시코는 정치적, 사회적 불안감이 시민들에게 깊은 상처를 남기고 있었다. 정부군과 시위대의 끊임없는 격돌에 아이들과 여인들은 공포에 젖는다. 가족들은 시위대의 격렬한 투쟁과 아픈 상처의 찌꺼기들을 흘려보내기 위해 바다로 간다. 아이들은 철없이 좋아하고 겁 없이 파도치는 바다 속으로 뛰어 들어간다. 성난 파도처럼 밀려오는 파고 속으로 아이들이 사라져갔다.

이 시퀀스에서 알폰소 쿠아론 감독은 관객들에게 어떤 메시지를 전달할 것인가를 보여주고 있다. 어린 시절 자신이 바라본 멕시코의 어두웠던 미래가 파도에 휩쓸려 떠내려가는 소피와 페페를 통해 죽음까지 내몰렸던 순간을 대비시켜놓는다. 그럼에도 불구하고 도저히 살 수 없을 것 같은 순간에 아이들은 가정부 클레오의 헌신적인 사랑의 힘으로 구조된다. 깊이 따지고 보면 물을 가장 무서워하는 클레오의 힘은 감독의 멕시코에 대한 진한 애정이라 볼 수 있다.

클레오가 두 아이를 구함으로써 대학살 사건의 어지러운 상황이었지만 그나마 위기를 극복하고 죽어가던 멕시코가 되살아나길 갈망했던 감독의 속내가 깊게 표출되어 있는 신이다.

주인공 클레오의 실제 모델은 감독이 어렸을 때 자신의 집 가정부였던 '리보 로드리게스'였고 그녀를 위해 이 영화를 만들었다고 말했다.

그 말은 영화의 엔딩 크레딧에서 '리보를 위해'라는 자막을 보면 알 수 있다. 실존인물인 리보는 베니스 영화제 시사회 때, 자신의 또 다른 과거의 모습과 알폰소 쿠아론 감독과의 우정을 위해 참석해 화제를 모았다.

어느 나라를 막론하고 감독들은 자신들의 조국을 사랑하지만 특히 쿠아론 감독의 멕시코사랑은 인정해줘야 한다. 그는 자신의 히스토리를 써내려가면서 멕시코의 절망과 희망을 바라봤다. 그 느낌은 영상 곳곳에서 관객들에게 전달된다.

예를 들면, 처음부터 스크린 속의 흑백 화면이 관객들의 시선을 끌어당기며 클레오가 보라스의 분변을 깨끗이 쓸어내릴 때, 빛에 반사된 타일 위의 물그림자로 비행기가 수평으로 날아간다. 카메라는 수직으로 꽂히듯 그림자를 잡아내는 무언의 방식이다. 비행기가 수차례 등장하는 순간마다 클레오가 있다. 하늘을 날아간다는 것은 희망과 욕망이 내면에 침잠되어 있다는 증명이기도 하다. 다른 의미로 생각해 본다면 쿠아론 감독이 연출한 비행기는 클레오가 꿈꾸는 삶이며 멕시코인들이 갈망하던 당시의 밝은 날의 미래다.

영화의 후반부에도 시작과 같은 파도소리다. 새소리가 끊임없이 지저귀고 보라스는 미친 듯이 짖어댔다. 그런 중에도 클레오는 타일 위로 물을 퍼부어 포말을 일으켰다. 감독은 소리를 관객들에게 전달하며 귀를

기울이게 만들었다. 호소력은 흑백의 명암을 통해 전달되었고 집중도
는 최고였다.

또한, 영상을 흑백처리하면서 불안과 슬픔을 과거로부터 끌어 올리고
수평과 수직의 롱 샷으로 시선을 강하게 끌어 당겼다. 더불어 차분하면
서 시선이 흩어 지지 않게 집안 곳곳이 어수선한 것 같아도 눈에 익은
사물들로 프레임을 만들고 깔끔하게 물청소 되어 있다.

클레오가 옥상으로 갈 때 오르내리는 시멘트 계단은 노후되어 불안감
을 조성한다. 그런 장면에서도 감독의 세심한 연출력이 돋보이는 것은
그가 그 순간의 느꼈던 감정들이 고스란히 살아있었기 때문이다. 어둡
고 깊었던 과거는 쉽게 잊혀 지지 않는 법이니까.

어찌됐든 영화의 스토리는 그렇다 치고 또 한 번 돌아봐야 할 것은 배우들의 연기력을 살펴보면 상당히 실질적인 묘사를 하고 있음을 알 수 있다. 하지만 그들은 전문배우들이 아니었다. 쿠아론 감독의 열성으로 클레오는 멕시코 고향에서 오디션 공고를 통해 리보와 가장 느낌이 닮은 얄리차 아파리시오를 찾아냈다.

감독은 아파리시오가 좀 더 편안한 연기를 할 수 있도록 그녀의 친구인 낸시 가르시아를 아델라로 출연시킨다. 그녀들은 완벽하게 감독의 의도에 따라 열연을 펼친다. 흡사 내면의 연기를 자유자재로 표출할 수 있는 프로페셔널 배우들 같았다.

그다지 많은 대사는 아니어도 말할 때의 진중함이나 아기의 사망선고를 받고 흐느끼는 장면, 연인이었던 페르민의 배신과 병원에서 불안에 떨던 신들은 하나도 어설퍼 보이지 않다.

있는 그대로의 자연스런 일상을 표현해 내기란 신예들에겐 쉬운 일이 아니다. 커다란 카메라가 눈앞에서 자신을 클로즈업하고 일거수일투족을 따라 움직인다면 자연스런 연기가 나오는 게 꽤 힘들었을 것 같다. 그녀들은 신예이지만 감독의 지시에 잘 따라 주었고 매 장면마다 어설픔 없이 영상을 빛나게 만들었다. 예전과 달리 최근에 몇 감독들은 가끔 모험을 감행한다.

영화, '트래쉬'를 보면 쓰레기가 산을 이루는 동네가 있다. 그곳에서 쓰레기더미를 뒤지며 사는 아이들을 연기한 배우들은 모두 현장 경험이 풍부한 그 마을의 소년들이었다.

스티븐 달드리 감독도 주인공인 아이들을 브라질 리우 헌지에서 공개 오디션을 봐서 출연시켰다. 그는 유명 아이돌 배우들은 쓰레기더미에서 자연스런 연기가 나올 확률이 적다고 판단했다. 결과는 대만족이었다. 아이들의 연기력이 살아 있는 영상으로 전달되었기 때문이다.

영화 '로마'에서처럼 얄리차 아파리시오나 낸시 가르시아와 같이 감독이 원하는 자연스런 연기를 그들은 일상처럼 소화해냈다. 점차적으로 현장감을 살리기 위한 감독들의 노력은 배우 발굴로 이어져 영화의 맛을 극대화시키고 있다.

영화의 하이라이트는 사랑이었다. 소피와 페페가 파도에 휩쓸려가자 망설임 없이 물로 뛰어든 클레오의 행위는 자신이 살려내지 못한 사산아에 대한 죄의식의 결말인지도 모른다. 클레오가 아이들을 구하러 바다로 첨벙첨벙 걸어갈 때, 강렬한 햇살이 그녀의 온몸을 비춘다. 쿠아론 감독이 잡아낸 최고의 영상이다. 한마디 덧보태자면 소피나 페페를 향한 책임감도 무시하지 못하겠지만 내면에 잠재된 아이들에 대한 사랑의 힘이 그녀의 마음을 움직인 것이다.

감독의 영화에 대한 열정도 상당하다. 그는 흥행도 염두에 두었다. 한국 영화관객들의 애정이 대단하다는 것을 안 그는 한국 코치는 엄하다는 대사를 삽입시킨다. 한국이란 이름만으로 관객들을 모을 수 있으니 말이다. 감독의 생각을 알 수 있는 장면이다.

영화, '로마'는 제53회 전미비평가협회상을 비롯해 많은 상을 수상하며 세계의 사람들에게 알폰소 쿠아론 감독의 명성을 다시금 기억시켰다. 영화는 많은 생각을 남긴다.

더 와이프The Wife, 2017, 영국·스웨덴

미국의 심리학자 에이브러햄 매슬로의 '인간 동기의 이론'에는 '욕구 단계론'이 있다. 어떤 욕구는 다른 욕구보다 우선권을 가진다는 것인데 그 중에서 가장 상위인 것이 자아실현이다. 아래로는 존경과 애정과 소속에 관한 욕구도 단계별로 층을 이루고 있는데 이런 이론들은 사람들의 인생살이를 보면 확실한 것 같다. 이론을 나누지 않아도 충분히 공감된다.

정지우 감독의 영화, '은교'를 보면 교수 이적요(박해일 분)는 문단의 존경받는 시인이다. 하지만 늙고 외롭다. 그의 시를 보고 반한 공대출신의 제자 서지우(김무열 분)는 적요의 수발을 들며 문학을 배운다. 아무리해도 재능이 따라주지 않아 애태우는 제자의 마음을 읽은 교수는 '심장'이라는 소설을 써 선물로 준다. 교수가 대필을 해준 것이다.

출판사에서는 소설이 대박나자 서지우에게 또 다른 작품을 써오라며 부추긴다. 도저히 스승의 작품을 따라갈 수 없던 지우는 이성을 잃고 스

승의 신작 '은교'를 훔쳐 문학상을 수상한다. 스승은 끝내 입을 다문다.

영화에 나타난 지우의 이런 행위들이 매슬로의 욕구이론처럼 단계별로 형성되어 드러난다. 논문에서 드러난 이론에는 고개가 끄덕여지지만 영상으로 보여 지는 욕구에 대한 현실감은 심리적 느낌이 확연히 다르다.

이 영화, '더 와이프'도 '은교' 처럼 인간의 욕구가 얼마나 엄청난 진실을 숨기고 그런 욕구가 자아실현이란 이름으로 포장되어 있는지를 적나라하게 보여주고 있다.

영화를 읽어본다.

노벨문학상의 결과를 초조히 기다리던 부부에게 한밤중 전화가 걸려온다. 수화기너머에서 한 남자의 목소리가 들린다.

"조셉 캐슬먼씨 당신이 노벨문학상 수상자로 선정되었습니다. 축하드립니다."

스톡홀름에서 걸려온 전화는 캐슬먼 부부에게 환희를 던진다.

부부는 예전에도 그랬던 것처럼 침대 위로 올라가 손을 마주잡고 펄쩍펄쩍 뛰며 노래를 부른다. 시상식에 참석하기 위해 불만 많은 아들 데이빗(맥스 아이언스 분)과 부부는 스톡홀름 한림원을 향해 날아간다. 스웨덴행 비행기 안에서 만난 기자 나다니엘(크리스찬 슬레이터 분)은 출판사로부터 노벨상을 수상한 조 캐슬먼의 전기를 부탁받았다며 다가온다. 그는 조의 심경을 긁는다.

시상식이 끝나고 한림원에서 주최하는 만찬 도중 조는 여러 수상자와 가족들이 있는 자리에서 아내는 글을 쓰지 않는 사람이라 말한다. 아들은 작가이긴 해도 아마추어에 불과하다며 아직 정체성을 찾고 있는 부족한 신출내기로 치부해 버린다. 다른 수상자들은 가족자랑에 신이난다. 곁에서 지켜보던 아내 조안(글랜 클로즈 분)은 파티장을 벗어난다.

영화의 시작은 한 침대에서 사랑을 나누고 한 통의 전화가 인생전환점을 알리며 부부의 기쁨은 세상에 그 무엇과도 바꿀 수 없을 만큼의 희열을 안겼다. 그럼에도 불구하고 부부는 서로 내면의 갈등을 무겁게 떠안고 있다. 말로는 사랑한다면서 서로가 진한 감정을 숨기지 못한다. 남편 조가 노벨상을 수상했다고 하지만 아내는 화가 치민다. 그 영예는 남편 조가 아니라 나 자신, 조안의 상이기 때문이다.

플래시백 영상은 조안이 과거의 여린 대학생이었던 시절로 들어간다. 문학교수인 조는 리포트로 제출된 조안의 소설을 보고 반해 그녀를 연구실로 부른다. 순수한 여학생 조안은 교수의 열정적인 매력에 빠진다. 의사 아내가 있음에도 바람기 많은 조는 습관처럼 조안을 사랑의 구렁텅이로 유혹한다.

교수였지만 글쓰기에는 재능이 부족했던 조는 조안을 이용해 출판사의 인정을 받는다. 여기에서 영화, '은교'의 스승인 이적요와 제자 서지우와의 관계를 비교해 볼 수 있다. 제자 지우는 최선의 노력을 해도 문학적 재능이 나타나지 않는다. '더 와이프'의 스승인 조 역시 문학을 지도하는 교수임에도 대중이 원하는 소설을 쓸 역량이 부족하다. 끝없이 작업을 해보았지만 제자 조안의 실력을 따라 잡을 수 없었다.

지우는 스승의 작품을 선물 받아 스타작가로 탄생되었고 인기를 실감하자 이성을 잃는다. 결국엔 스승의 작품을 훔치게 된다. 조는 목을 조르듯 조안을 사랑이라는 이름으로 글쓰기의 노예로 묶어놓는다. 스승 적요는 제자를 주검으로 몰아넣고 자신은 제자를 따라 스스로가 죽어간다. 애정과 애증의 무서운 결말이다. 존경에서 시작해 애정이 솟아나

고 내재된 인간의 욕구이론이 성공한 자아실현으로 비춰지지만 은밀히
들여다보면 욕구를 해소하는 데 있어서 파멸도 존재한다는 것을 상기
해야할 것 같다.

　카메라가 다시 현실로 돌아와 조안은 자신의 작품과 시대의 오만함
을 경멸하며 자괴감에 빠진다. 조는 제자이던 아내의 작품이 자신의 이
름으로 노벨상을 수상하자 조안의 눈치를 보며 비위를 맞추려 한다. 반
면에 조안은 잠깐의 야릇한 기분을 느끼지만 저 자리에 왜 다른 사람이
서 있어야 하지? 라는 순간 자리를 박차고 나가버린다. 그녀의 심연에
꿈틀대던 욕구가 파장을 일으킨 것이다. 흥분한 두 사람은 호텔로 돌아
가며 폭발하고 만다.

사실, 영화에서 피해자는 조안이라며 관객들은 조에게 비난의 화살을 돌린다. 과연 그럴까하는 질문을 던지고 싶다. 과거로 돌아가 보면 대학생인 조안은 조의 연구실에서 첨삭지도를 받는다. 조는 그녀의 작품에 매료되면서 그녀를 이용하려고 더불어 바람기가 발동해 돈키호테의 한 대목을 주절이 늘어놓기도 한다. 아내가 있고 아이가 있는 문학교수가 제자에게 수작을 부리자 조금의 망설임도 없이 기다렸다는 듯 넘어가는 조안의 행위는 어떻게 해석해야 할까.

그녀도 시대에 적극 대응하지 못하고 즉시 수긍했다는 잘못을 인정해야 한다. 그렇다면 수긍에서 그칠 수 없었던 속을 알 수 없는 조안의 속내를 들여다보자. 문학에 집착적이며 제대로 된 글이 나오지 않으면 아이처럼 투덜대는 조가 사랑스런 마음이 들었다. 모든 작품은 그림자 대필로 조의 이름을 사용했지만 문단에서 떠들어 주는 작품이 자신이 쓴 글이라는 데 대한 희열이 분명 있었을 것이다.

수상소식을 애타게 기다리던 밤, 조가 초조함을 견디기 힘들어 아내에게 섹스를 요구한다. 귀찮지만 미소로 받아주는 조안은 사랑이 아닌, 그냥 좋은 선심을 쓰는 사람의 표정이다. 영화, '은교'에서도 사랑과 존경으로 시작해 끝내 죽음으로 마무리되고 이 영화의 시작은 사랑으로 불안감을 녹이며 시작해 주검으로 막이 내린다.

자아실현욕구가 해소되었다고 인생의 마지막이 될 수는 없다. 아들과 집으로 돌아가는 비행기 안에서 그녀는 집요하게 따라 붙는 기자 나다니엘에게 한마디 건넨다.

"사실이 아닌 글을 쓴다면 법정에서 다시 만날 것이다."

미소를 머금은 그녀의 얼굴에 알 수 없는 희열이 번진다. 노트의 빈장을 열면서 그녀는 무엇을 생각하고 있을지 관객들도 의견이 분분하다. 아무래도 새로운 소설의 각본이 샘솟듯 떠올랐을 게 분명하다.

감독 비욘 룬게는 한 여자가 남자의 '와이프'로서의 역할을 말하고자 함이 아니다. 그의 메시지는 부부관계의 형성과정에서 누가 잘하고 못했는지의 잣대를 정하는 게 아니라 서두에서 말한 것처럼 욕구에 대한 인간의 동기부여 같은 것들이다.

서로 사랑하고 존경과 더불어 소속감으로 인한 안정 같은 단어들이 감독이 던지는 메시지다. 결과물은 부부가 어떤 관계로 이어져야 온전할까 라는 것을 관객들의 판단에 맡겨버린다. 인간의 마음속에 잠재된 마지막 욕구를 생각해보면 이 영화 '더 와이프'가 관객에게 다가가기가 더 쉬워진다.

원작자인 메그 울리처는 조안을 연기한 글렌 클로즈를 보면 소름이 돋을 정도라고 했다. 그만큼 글렌 클로즈의 연기는 아카데미 시상식에 노미네이트될 만큼 탄탄한 배우였다.

조안의 내면에 완전 몰입된 글렌 클로즈는 차가우면서 사랑이 있고 욕망의 덩어리를 안고 사는 여인을 완벽하게 소화해냈다. 그녀의 기품에 카메라도 힘을 보탠다. 촬영감독은 그녀를 클로즈업할 때 좀 더 부드러운 조명을 사용했으며 그녀의 다양한 표정이 자유롭게 표현되게 하기 위함이었다고 전한다.

감독 비욘 룬게는 이 영화를 위해 14년이란 기간을 할애했다. 촬영기간 역시 2년이 넘었다. 이번 영화에서 주인공 조안을 맡은 글렌 클로즈는 비욘 룬게라는 감독의 이름을 관객에게 각인시키는데 톡톡히 한몫을 했다.

감독은 클로즈의 조언으로 그녀의 친딸인 애니 스털크를 오디션 보았고 어린 조안으로 낙점시켰다. 탁월한 선택으로 조안이 캐스팅되었다. 반항적인 젊은 작가이며 아들인 데이빗 역은 영화, '미션'의 명배우 제레미 아이언스의 아들 맥스 아이언스로 이 영화는 할리우드 2세들의 열연장이 되었다.

이 영화는 심리적으로 꽤 깊이 있는 영화다.

레버넌트: 죽음에서 돌아온 자The Revenant, 2015, 미국

아버지의 이름은 위대하다.

콜롬비아 최대 반군 무장혁명군은 정부군과의 전쟁에서 여러 명의 인질을 사로잡았다. 거기엔 19살 된 어린 병장 파블로 몬카요도 포함되어 있었다. 파블로의 아버지 구스타보는 아들의 납치소식에 정부로 찾아가 항의한다. 대답은 반군과는 타협이란 있을 수 없음을 재확인시킨다. 교사였던 구스타보는 200만 명의 서명운동을 받아 제출했지만 또다시 거절당하고 10년의 무심한 세월이 흘러갔다.

6월의 어느 날, 방송뉴스에 인질들의 모습이 비춰지고 그 속에 쇠사슬에 묶인 아들 파블로의 충격적인 영상을 보게 된다. 구스타보는 아버지의 날에 아들과 같은 쇠사슬을 묶고 집을 떠나 전국을 돌았고 주변국까지 돌며 아들의 석방을 위해 노력했다. 정부는 결국, 반군과 합의했고 13년 만에 파블로는 아버지의 품으로 돌아왔다.

볼프강 페터젠 감독의 영화, '트로이'에서는 트로이왕국의 작은 아들

파리스(올랜드 블룸 분)의 실수로 전쟁이 터지고 큰 아들 핵토르(에릭 바나 분)는 목숨을 잃는다. 적국의 대장인 아킬레스(브레드 피트 분)는 트로이 왕(피터 오툴 분)이 보는 앞에서 자신의 후계자 핵토르의 시체를 끌고 가버린다. 깊은 밤, 아킬레스의 막사에 한 노인이 찾아온다. 무릎을 꿇은 채 엉금엉금 기면서 아들의 시신을 왕자답게 장례를 치를 수 있도록 해달라는 애걸을 하는 트로이의 왕 프리아모스였다. 그는 왕이란 이름에 앞서 아버지의 이름으로 복수대신 목숨을 걸고 자식의 시신을 찾으려 굴욕을 삼킨다. 아들은 시신이나마 아버지 품에 안겼다. 일국의 왕이 적국의 장군에게 무릎을 꿇었다는 것은 목숨을 끊는 것과 다름 아니지만 자식을 위해서 아버지란 그렇게 할 수 있는 이름이었다.

영화, '레버넌트; 죽음에서 돌아온 자'도 아들에 대한 복수를 말하는 것처럼 포장되어 있지만 내면의 깊은 곳에는 아들에 대한 아버지의 진한 사랑이 내포되어 있는 아버지의 영화다.

영화를 읽어본다.

탐험가이며 사냥꾼인 휴 글래스(레오나르도 디카프리오 분)는 아들을 데리고 캡틴 헨리(도널 글리슨 분)가 이끄는 모피사냥꾼 탐사대의 길잡이로 동행한다.

혼자 미지의 우거진 숲을 헤치고 깊이 들어간 휴는 일행들과 멀어진 가운데 거대한 회색 곰의 공격을 받는다. 사정없이 휘두르는 곰의 위력에 그의 육신은 갈기갈기 찢기고 뼈는 으스러진다. 때맞춰 미주리강의 주변 숲속에 숨어 있던 아리카라족의 무차별 공격이 이어지고 탐사대는 움직이지 못하는 그를 혹한 속에서 산등성이를 넘어 데리고 도망 갈 수는 없었다.

죽음의 위기에서 휴의 혼혈아들 호크와 동료 존 피츠 제랄드(톰 하디 분), 또 다른 부하 짐 브리저(윌 폴터 분)에게 잘 돌봐주다 죽으면 제대로 장례를 치러주라는 부탁을 남기고 캡틴은 일행들과 함께 설산을 넘어 캠프로 돌아간다.

감독 알레한드로 곤잘레스 이냐리투는 제작노트에서 이 영화는 다큐멘터리와 같다고 했다. 미국 서부역사에 기록되어 있는 '휴 글래스'란 인물은 전설적인 개척자이며 사냥꾼이었다. 그는 '마운틴 맨 개론'으로 불릴 정도였다고 한다. 감독은 이 인물에 대해 신화적인 존재로까지 표현했다. 휴 글래스의 사냥꾼으로서의 정신세계와 육체적 힘, 이승과 저승의 경계 등을 가슴으로 느꼈기 때문이다.

이냐리투 감독은 '21그램'이란 영화에서 이미 자신의 연출력을 과시한바 있다. 영화의 시퀀스는 세 가지 단막형식으로 꾸며 하나로 버무린 퍼즐게임과 같다. 그런 연출은 관객이 받아들이기엔 상당히 어수선하면서 끝날 때까지 난해하다는 생각마저 든다.

마지막 주인공인 잭 조단(베네치오 델 토로 분)은 신을 원망한다. 하

지만 마음속으론 신이 자신을 구원해주길 바란다.

예를 들면, 잭은 '너의 머리카락의 떨림까지도 알고 있다.'던 그토록 믿었던 신은 자신을 버렸다고 원망하는 장면이다. 이렇게 이냐리투 감독의 연출은 이번 영화 '레버넌트'에서도 수시로 신을 등장시킨다.

원주민과 백인들의 가죽전쟁에서도 '신의 뜻대로 운명을 결정한다.'라는 의미부여를 하고 있는 것을 보면 이냐리투 감독은 이승과 저승의 경계 가운데 신의 경계를 두고 있다. 또한, 휴 글래스 역시 삶과 죽음의 경계에 선 남자라는 것을 보면 감독의 연출과 영화에 대한 깊이는 끝이 없게 된다. '21 그램'에서도 신의 경계인 영혼의 무게를 말하고 있으며 이번 '레버넌트'에서도 휴의 복수하는 과정을 돌아보면 사람의 힘은 아닌 것 같다.

거대한 곰이 사람의 허리와 어깨, 다리 등을 발로 짓밟았는데 보통사람이면 죽지 않고 살 확률은 거의 없기 때문이다. 고대 이집트인들의 정신세계나 보이지 않는 카(ka)와 바(ba)처럼 생명을 움직이게 하는 파장과 같아 보인다.

글래스는 자신과 함께 벼랑에서 떨어진 말의 내장을 잘라내고 그 뱃속에 들어가 혹한의 밤을 견딘다. 또, 빼앗긴 딸을 찾아다니던 원주민이 건넨 피 흐르는 고기를 뜯어먹는 장면은 원작의 시나리오를 반영한다고 해도 이냐리투 감독의 내공과 특별한 배우 레오나르도 디카프리오가 아니면 견디기 힘든 열연임을 인정해 줘야 하는 부분이다.

영화는 휴 글래스와 존 피츠제랄드의 투맨쇼라고 할 수 있다. 피츠 제 랄드는 도망가고 글래스는 추격만 한다. 짐승을 잡기 위해 우리로 몰아 가듯, 아들의 복수를 위해 죽음에서 돌아온 것이지만 영화의 엔딩까지 결국 죽음의 열쇠는 자연과 함께하는 원주민이 해결한다. 이미 존의 목 숨은 끝난 것과 같지만 운명은 신만이 결정하기 때문이다. 감독은 관객 의 마음을 영상이 끝날 때까지 놓아주지 않고 함께 하길 바란다.

관객의 생각과 영화를 보면서 느끼는 카타르시스를 체험하게 만드는 인물이다.

감독은 마크 스미스가 쓴 초고가 매우 흥미로웠다고 말했다. 그런 시 나리오에 감독의 연출력은 살을 입혔고 카메라 촬영감독인 엠마누엘 르베즈키는 배경이 되는 천혜의 자연에 화려한 옷을 입혔다. 르베즈키 는 휴가 회색 곰에게 물어뜯기는 장면마저 클로즈업 시키며 잔인한 곰 의 위력을 관객들에게 전달한다. 카메라의 시선을 따라 관객들의 숨죽 임을 끝까지 잡고 있으려는 이냐리투 감독과 르베즈키 촬영감독의 노 력이 돋보인다. 그렇게 짓밟히고 살아남았다는 영화적 시나리오는 조 금 민망하지만 실화가 모티브이므로 태클을 걸 수는 없겠다.

영화에서 휴는 겁이 없고 냉정하고 치밀하다. 그는 원주민 여성과의 사이에서 낳은 아들 호크를 데리고 모피사냥꾼 탐사대에 합류했다. 항상 함께했던 아들이 동료에게 죽임을 당하고 자신은 생매장 당한다.

아버지라면 죽어서 귀신이 되어도 일어설 일이긴 하지만 현실에서 휴는 사지를 움직이지 못하는 극한 상황이었다. 그럼에도 휴는 땅을 헤집고 무덤에서 올라온다. 오직 아들과 자신의 복수만을 생각하며 부서진 몸을 일으킨다. 고통스런 추위와 육체의 통증, 배고픔은 복수의 칼을 거두기엔 역부족이었다. 그는 삶의 끈을 놓지 않았다.

여기서 휴 글래스의 레오나르도 디카프리오는 자신을 버리고 온전한 휴가 되어 있다. 혹한의 추위를 견디기 위해 알몸으로 자신과 함께 추락한 말의 뱃속에 들어가는 신이라든가, 배고픔을 잊기 위해 짐승의 생살을 뜯어먹는 연출은 가히 압도적이다.

디카프리오는 대사가 거의 없는 이 영화에서 자신을 드러내기란 쉽지 않았을 터인데도 마지막까지 그는 관객들을 사로잡는데 성공한다. 부정의 무서운 힘이 영상 곳곳에 묻어났기 때문이다. 또한, 존 피츠 제럴드의 톰 하디도 매력 있고 끼 많은 배우의 악역이 한층 돋보이는 원숙함이 묻어났다. 잔인하게 자신만을 위한 이기심을 보이지만 그럼에도 불구하고 어리석은 행동들이 조금씩 묻어나는 내면의 연기로 시선을 잡고 있다.

이 영화에선 베테랑인 레오나르도 디카프리오가 침묵 속에서 그 만이 품어낼 수 있는 내면의 진한 연기력을 실감나게 펼치고 톰 하디의 열연이 관객들을 잡고 있는 건 사실이다. 하지만 자연이란 어마어마한 배경과 더불어 한 번 더 돌아보게 되는 배우가 있다. 바로 짐 브리저를 연기한 청년 윌 폴터이다. 그는 소년 짐 역을 맡아 순진하면서 착하지만 겁 많은 천연덕스런 연기에 감탄을 자아내게 만들었다. 맡은 배역이 튀지 않은 조연이지만 그의 얼굴에선 진실이 묻어났고 선배들에게 조금도 뒤지지 않았다. 미래의 명배우 반열에 오를 한 명이란 확신이 든다. 감독의 배우 캐스팅에 박수를 보낸다.

영화, '레버넌트; 죽음에서 돌아온 자'는 이유 있는 메시지를 보내고 있다. 희망과 복수, 집념 그 깊은 곳에는 아버지의 뜨거운 사랑이 숨쉬고 있다.

콜롬비아의 구스타보처럼 온몸에 쇠사슬을 감고 아들의 구명을 위해 이웃나라까지 돌며 전국을 걷는 것이나, 영화, '트로이'에서 프리아모스 왕이 아들의 시신을 구하기 위해 적국에 맨몸으로 들어가 무릎을 꿇는 것, 그런 부정의 힘은 강한 파장처럼 막을 수 없다.

전 세계 영화 팬들의 격렬한 응원 속에서 레오나르도 디카프리오는 제88회 아카데미 시상식에서 4전5기로 남우주연상 수상의 영광을 안았다. 죽음에서 돌아온 자답게 오스카의 악몽에서 벗어났다. 디카프리오에게 박수를 보낸다.

가버나움Capharnaum, 2018, 레바논·프랑스

예나 지금이나 종교로 인한 싸움은 상당히 처참하다.

예수께서는 두루 돌아다니며 귀신 들린 자나 병든 자들을 구원해 주었다. 나사렛을 떠나 또 다시 배에 올라 '본동네'(마태복음 9:1)에 이르러 중풍환자들을 고쳐주었고 죄진 자들을 회개시켰다. 수많은 기적을 일으키며 빛과 소금이 되라 전도하며 가르쳤다.

그럼에도 사람들은 예수의 설교를 듣지 않았고 착하게 살지 않았다. 결국, 예수는 그들을 버린다. 평화는 사라지고 본동네는 페르시아의 침략으로 멸망한다. 스불론과 납달리(마태복음 4:13)를 낀 해변에 있는 그곳의 이름이 히브리어로 '아름다운 마을' '위로의 마을'이라 불렸었다. 바로 영화의 제목인 '가버나움'이 예수께서 많은 기적을 일으킨 아름다운 마을 '본동네'이다. 감독이 선택한 베이루트의 어느 작은 시장은 영상 속 그대로 존재한다.

영화를 읽어본다.

출생신고가 없어 나이는 대충 짐작만으로 12세 정도로 알고 있는 자인(자인 알 라피다 분)은 조그만 마켓에서 청소와 배달을 한다. 작은 체구에 깡만 남은 아이는 동생들과 부모를 위해 고단한 삶을 산다. 엄마가 시키는 대로 약국에서 거짓말을 하고 마약성분이 들어있는 약을 사오면 가족들은 주스를 만들고 자신은 동생과 거리에서 팔아 생계를 잇는다.

무능한 아빠와 모성애라고는 찾을 수 없는 엄마는 자인이 아끼는 여동생 사하르(하이타 아이잠 분)를 마켓 주인인 아사드에게 시집보내려한다. 평소에 여동생에게 눈독을 들이던 아사드를 자인은 경멸하고 미워했다. 하지만 끝내, 사하르는 팔려갔다. 악을 쓰며 동생을 붙잡았지만 엄마는 도리어 자인을 두들겨 패며 나가라고 소리쳤다. 엄마를 용서할 수 없는 자인은 무작정 버스를 타고 집을 떠난다.

영화는 시작부터 참담하기 그지없다. 그냥 화가 치밀기도 한다. 어른들의 종교와 정치경제, 사회문제로 인해 빈곤과 난민이라는 이름으로 아이들이 실제 고통을 겪고 있었다는 것과, 지금도 많은 아이들이 그러하다는 것에 가슴을 짓누르는 지도 모르겠다.

감독 나딘 라바키는 레바논 출신이다. 그녀는 수도 베이루트의 한 빈민가에 있는 시장을 중심으로 사람들의 살아가는 실제 모습을 그대로 연출해 낸다.

영상은 회상과 현실이 넘나들면서 관객의 정신을 뒤숭숭하게 만들지만 곧 마음이 아파오는 현실과 마주 보게 된다. 마켓의 심부름꾼인 소년 자인은 법정에 섰다. 정확한 나이가 기록되어 있지 않아서 의사가 치아를 보며 나이를 가늠했다. 12세 정도라는 판정이 나왔고 소년은 재판관의 '네가 법정에 선 이유를 알겠느냐?'라는 질문에 거침없이 답한다.

"엄마, 아빠를 고소합니다."

이유에 대해 묻자 그는 엄마, 아빠가 아이를 더 낳지 못하게 해달라고 했다. 자신과 같이 고생만 죽도록 하고 책임지지 않는 부모가 더 이상 아이를 낳아서는 안 된다는 것이다. 여동생 사하르를 나이 많은 수퍼마켓 주인에게 팔아넘기고 또 아이를 갖는 다는 것은 그 아이에게 똑같은 형벌로 다가올 것을 알기 때문이었다.

동생 사하르의 죽음에 분노하여 아사드를 칼로 찔러 재판중인 자인은 현재 소년원에서 감방생활 중이며 동시에 고소인이기도 하다. 여기에서 감독 나딘 라바키는 자인이 부모를 고소한 특이한 상황을 연출하려는 의도가 아니다. 빈민가에 살면서 생활능력이 전혀 없는 부모는 자식에 대한 확실한 의무감과 사랑이 결여되어 있음에도 불구하고 아이만 자꾸 낳는 다는 것은 적절하지 않다는 메시지를 전달하려는 것이다.

감독은 그 예로 불법체류자인 라힐을 등장시켜 가난과 현재의 상황이 부모의 의무를 다하지 못하게 만드는 것은 아니라는 뜻을 보여주고 있다. 라힐은 고국인 에디오피아에서 먹고 살기 위해 레바논으로 왔다. 놀이공원 식당 주인의 아들과 사랑에 빠져 아들 요나스를 낳지만 곧장 쫓겨나고 만다. 그럼에도 그녀는 아들을 숨겨 다니며 식당일을 한다.

공원에서 오갈 곳 없어 방황하던 자인은 우연히 라힐의 눈에 띄어 요나스를 돌보며 한 집 살이를 하게 된다. 산다는 것은 아들을 위한 여정과 같은 라힐을 보며 자인은 자신을 내쫓은 부모의 냉정하고 무책임함을 새삼 느낀다. 라힐이 불법체류자 처벌에 의해 체포되어 감금되자 자인은 요나스를 안고 라힐을 찾아 거리로 나선다. 아기는 엄마 젖을 못 먹어 떼를 쓰며 울고 자인은 아기의 울음에 마음이 찢어진다.

시장에서 만난 또래 여자친구는 이렇게 먹고 살기 힘든 곳을 벗어나기 위해 돈을 번다고 했다. 자인도 이 지긋지긋한 베이루트의 시장 통에서 벗어나 노르웨이로 가기로 마음먹는다. 찌그러진 양철대야에 아기 요나스를 싣고 동네 아이들 보드를 빼앗아 그 위에 올리고 긴 줄을 매달아 끌고 다니며 돌보던 자인은 끝내, 아기 밀매꾼에게 좋은 곳으로 데려가겠다는 말을 믿고 요나스를 넘기고 만다. 이 장면이 영화의 정점이다. 그런 상황이라면 어떤 이도 자인처럼 하지 않을 수 없음을 관객들도 공감하게 된다. 영화에서 가장 관객의 마음을 아프게 만든 장면은 갑자기 사라진 라힐을 대신해 영문도 모른 채 요나스를 떠맡게 된 자인의 막막함이다.

관객들은 비록 부모에겐 사랑을 받지 못했지만 남을 사랑할 줄 아는 자인의 마음이 기특하기만 하다. 자신의 동생도 아닌, 남의 아기를 위해 필사적인 삶을 살아가는 자인은 천사 같다. 아니 천사의 변신인지 모르겠다. '신은 인간이 견딜 수 있는 만큼의 고통만 준다.'라고 흔히들 말하지만 아직 세상을 알기엔 너무 어린 아이가 견딜 수 있는 고통은 어디까지인지 모르겠다. 어쨌거나 이 영화, '가버나움'의 주인공들의 사연을 들어보지 않을 수 없다.

천연덕스럽게 요나스를 킥보드에 싣고 살아보려 애쓰던 자인은 실제로 베이루트 빈민가 시장통에서 마켓 배달 일을 하며 가족들의 생활비를 벌고 있었다. 때마침 길거리 캐스팅을 위해 시장을 돌아다니던 캐스

팅 디렉트의 눈에 들어 선택되었다. 자인의 원래 이름도 자인 알 라피아이며 시리아에서 온 난민이다. 어리지만 카리스마가 있고 고뇌하는 두 눈이 특히 아름답다.

여동생 역을 맡은 사하르 역시 시장에서 껌을 팔다 캐스팅되었는데 그들의 연기가 살아있어 영화는 한층 디테일해졌고 관객의 시선을 잡는데 톡톡히 한몫했다. 감독이 전하고자 하는 메시지는 확실하게 연출되었다고 볼 수 있다.

영화에서 감독은 레바논 사람으로 자신의 조국이 처한 안타까운 문제들을 지구촌으로 전달하려는 의미가 깊다. 촬영감독 크리스토퍼 아윈이 부감 항공샷으로 잡은 베이루트의 빈민촌과 시장과 그곳에 거주하는 불법체류자들의 모습은 삶의 무게를 버겁게 느끼도록 만든다.

영화를 만든 감독은 내전과 종교문제 등으로 고통 받는 어린 아이들과 젖먹이를 빼앗기며 잡혀 있어야 하는 여자들을 위해 국제적인 도움을 절실하게 호소하고 있다.

주인공인 이들도 모두 빈곤의 터널을 벗어나기 힘든 상황에서 열연을 펼쳤다. 더군다나 라힐은 자인과 마찬가지로 현지 캐스팅되었는데 촬영 도중에 불법체류자란 명목으로 체포되었었다. 그녀는 에디오피아 출신으로 먹고 살기 위해 베이루트에 들어와 숨어 살았다. 다행이 감독과 프로듀스의 적극적인 노력으로 풀려나 마지막까지 연기를 펼칠 수 있었다고 한다.

영화를 보면 배우가 아님에도 불구하고 자인의 연기는 아역으로 치면 최고의 열연이다. 하지만 그는 연기가 아닌 현실의 움직임에 감독의 지시가 조금 양념되었을 뿐이다. 깊은 간섭도 없고 현실과 이질적이지도 않은 연기 아닌 열연이었다. 때 묻은 옷을 걸치고 남들이 요나스 얼굴이 검어 형제 같지 않다고 말하면 엄마가 커피를 많이 마셔 그렇다고 천연덕스럽게 대답할 때면 자인은 완전한 아역배우였다.

이들처럼 현지 캐스팅으로 연기한 배우가 여럿 있지만 라힐이나 자인은 특별한 감정을 가지고 볼 수밖에 없다. 그들이 난민이고 불법체류자

였기에 안타까움은 배가되었다. 그런 사람들을 캐스팅한 디렉터의 눈과 탁월한 선택이 보는 관객들의 마음을 사로잡는 노력의 결과물이다. 더불어 캐스팅된 배우들에 대한 제작진들의 믿음이 있었기에 가능한 일이었다.

이 영화는 시나리오는 간단하지만 속내는 상당히 깊다. 중동의 조혼 문제라든가 난민들의 고통, 그에 따른 아동들의 학대도 영화 속 자인이 말한 '사는 게 똥 같다'라는 대사가 의미심장하다. 감독의 메시지가 그만큼 강하다. 엔딩 크레딧이 올라가는 마지막 순간의 영상이 그나마 안도의 숨을 쉬게 해주었다. 엔딩 신에서 불운했던 자인의 얼굴에 미소가 지어졌기 때문이다. 생애 첫 신분증을 만드는 순간이다.

영화는 칸 영화제에서 사상 최장시간의 기립박수를 받았다. 칸에 초청된 후 유엔난민기구의 도움을 받아 자인은 노르웨이로 2018년 이주했다. 꿈에 그리던 학교도 들어갔다. 감독 나딘 라바키와 제작진은 가버나움 재단을 설립하고 출연한 아이들과 가족에게 계속 도움을 줄 것이라고 약속했다.

디바인스DiVines, 2016, 프랑스·카타르

사람은 누구나 미지의 세계를 꿈꾼다.

현실에서 일어나는 모든 고통들이 그곳으로 가면 전부 해결될 수 있는 것처럼 꿈꾸는 곳을 가기 위해 최선을 다한다. 어떤 사람은 우주를 꿈꾸고 어떤 사람은 인도를 그린다. 어떤 이는 유럽을 상상하며 희망을 찾는다. 어렵사리 꿈을 이루는 사람도 있고 실패로 돌아가 좌절하는 사람도 있다. 영화 '디바인스' 속에서 주인공인 두니아도 미지의 세계로 가기 위해 돈을 번다. 꿈은 단번에 이뤄지지 않는다. 절망과 좌절을 꿋꿋이 견뎌내면 반드시 자신이 원하는 곳으로 갈 수 있는 길이 열릴 것이라 믿는다.

영화를 읽어본다.

화려한 프랑스의 뒷골목에는 빈민촌이 있다. 샤워를 하기도 버거워 남의 집 수도 파이프를 뚫어 물을 훔쳐야만 할 수 있는 사람들 속에 두니아(울라야 아마라 분)란 소녀도 산다. 두니아의 꿈은 물을 훔치지 않아도 목욕을 할 수 있고 학비와 한 끼의 식사를 위해 엄마가 몸을 팔지 않아도 되는 그런 세상에서 살고 싶다. 어둡고 참혹한 현실에서 하루라도 빨리 벗어나는 길은 태국으로 가서 돈을 버는 것이다.

학교에서 쫓겨난 두니아는 유일한 친구 마이무나(데보라 루쿠무에나 분)와 거리를 배회하며 돈 벌 궁리를 하고 있다. 하지만 세상은 호락호락하지 않다. 골목을 어슬렁거리던 두니아는 우연하게 같은 집시 촌에 사는 레베카(지스카 칼반다 분)의 마약거래를 알게 된다. 큰돈을 만질 수 있는 기회라고 생각한 두니아는 마이무나와 함께 마약거래 조직으로 발을 들인다. 보스인 레베카는 충성을 보이는 두니아에게 상대 보스의 집에 가서 그가 숨겨놓은 10만 달러를 훔쳐오라는 지시를 내린다. 잔혹함의 서막이 시작되지만 아무도 미래를 알 수 없다.

감독이며 영화 각본가인 우다 베니야미나는 프랑스사회의 빈곤층에 대해 일갈하려 한다. 겉으로는 세계적으로 평화롭고 살기 좋은 도시 국가처럼 보이지만 한발 짝 물러나 그 안을 들여다보면 상처받은 영혼들이 길 위에 떠돌고 있음을 시사하고 있다. 프랑스의 현실세태를 적나라하게 보여준다.

이런 영화들은 다른 듯 닮은 영화가 수없이 많지만 유난히 닮은 메시지를 전하는 영화가 있다. 선댄스영화제에서 알려진 호주출신 감독 아리엘 클레이만 감독의 영화, '소년 파르디잔'에서도 주인공인 알렉산더

(제레미 샤브리엘 분)는 소년 암살범으로 키워진다. 가난한 엄마를 보호하고 갓 태어난 동생을 위해 사람을 죽이지만 아무런 생각이나 감정은 없다. 마치 알렉산더와 두니아는 같은 인물처럼 느껴진다.

알렉산더는 암살범으로 키워져 냉혈한 인간이 되었고 두니아역시 마약보스인 레베카로부터 강압적인 거래에 끊임없이 시달린다. 두니아는 레베카의 지시에 상대 마약보스의 마음을 홀려 그의 집으로 들어가는데 성공한다. 돈을 찾다 들킨 두니아는 보스에게 죽을 만큼 두들겨 맞고 그를 죽인다. 관객들도 안타까움이 가득한 시간이다. 이 장면에서 두니아 역의 울라야 아마라 열연을 말하지 않을 수 없다.

감독인 우다 베니야미나의 친 동생인 울라야는 언니의 영역에서 특혜를 받은 아이가 아니라 연기 자체만으로 훌륭한 배우였음을 관객에게 보여주려 열연을 펼친다.

어색함도 없이 성숙하지 못한 소녀가 어른의 흉내를 내며 보스에게 접근하는 연기는 칭찬을 해도 아깝지 않다. 더군다나, 보스를 죽이고 싸늘한 눈망울로 피투성이가 된 얼굴을 한 채 유유히 사라지는 모습은 마치 오랜 연습을 거친 갱단 같기도 하다. 미래에는 울라야 아마라처럼 자연스런 연기자들로 현장감을 살리려는 감독들의 현지인 캐스팅이 대폭 늘어날 전망이다.

'소년 파르디잔'에서 알렉산더가 사람을 죽이고 눈 한번 끔벅거리고 사라지듯 두니아도 그를 죽인다음 양심의 가책도 없이 돈을 갖고 달아난다. 술에 절어 잠든 엄마를 쓰다듬으며 눈물 흘리던 두니아는 친구 마이무나에게도 돈을 남기고 미지의 세계로 떠나려 한다. 공항으로 떠나기 전 마지막 통화를 하기 위해 전화를 걸지만 세상일은 그렇게 호락호락하지가 않음을 곧 알게 된다.

보스 레베카는 마이무나를 인질로 잡고 두니아에게 10만 달러를 내놓으라며 협박한다. 암살범으로 자란 알렉산더도 사람을 죽인 대가를 받고 그 돈은 대장인 그레고리(뱅상 카셀 분)에게 들어간다. 두니아가 마약밀매를 하고 받은 돈을 무조건 레베카가 가져가는 것과 변형되었지만 닮은 영상이다.

두니아는 현실의 고통을 잊고 새로운 세상으로 나아가려 했지만 단짝인 마이무나를 구하려 꿈을 접고 레베카에게 간다. 돈을 내놓지 않는 두니아를 겁주려다 석유를 뿌린 레베카의 실수로 집은 불이 붙고 만다. 상황은 이미 막바지로 치닫고 소방차는 윗선의 허락 없이는 구조할 수 없다며 발을 뺀다. 절규하는 두니아의 뒤로 불길이 치솟는다. 마이무나는 친구의 범죄를 도운 죄로 인질이 되어 목숨을 잃고 만다. 와중에도 두니아에게 도망치라고 소리친다. 진정한 우정이 무엇인지 적나라하게 보여 지는 장면이다. 둘 다 피해자들이며 가난이 원죄다.

영화에서 감독에게 짓누르는 그 무엇은 영상으로 전달하려는 깊은 메시지에 있다. 바로 프랑스 사회의 부조리를 보여주는 신이다. 세상에 하나 뿐인 친구 마이무나가 불에 타고 있는데 그들을 구조해주지 않고 마냥 시간을 끌고 있는 구조팀의 서열타령이 그렇다. 이런 장치는 세계의 영화에서 국적불문하고 사회계층의 층을 나누고 있는 걸 볼 수 있다.

예를 들면, 두니아의 절규에서 느껴진다. 뒷골목 주민들이 모두 나와 소방관을 붙잡고 물을 뿌려달라며 애걸해도 그들은 끄떡하지 않는다.

'소년 파르디잔'에서도 대장 그레고리의 기억에 지울 수 없는 상처가 있다. 그가 화상을 입었을 때 달려오는 앰뷸런스로 뛰어갔다. 하지만 그들은 자신을 구해주지 않고 못 본 척 부자촌으로 달려갔다. 그때부터 그의 생각과 인생은 달라졌다.

　알렉산더와 그레고리와의 관계, 두니아와 마이무나, 레베카의 공통된
인생관이 계층을 분할한 사회화에 있음을 감독들이 전하고자 하는 시
나리오라고 할 수 있다. 때문에 영화는 슬픈 진실을 보게 되는 두니아와
뒷골목 사람들의 어두운 내면이 관객들의 가슴을 찡하게 만든다.

　감독은 영화에서 저소득층의 삶을 재구성해 그들의 삶에 동정이 아닌
인간답게 살 수 있는 환경과 가난한 자와 부유한 자를 동등한 인격으로
취급받을 수 있는 권리를 주장하고자 한다. 그렇기에 주인공인 두니아
의 인생이 피멍으로 얼룩져 인간이하의 취급을 받고 엄마는 술집 여인
이 되어 남자들에게 두들겨 맞는 모습에서 감독은 빈곤층의 어쩔 수 없

는 그들의 행위들이 있었다는 것을 어필하고 있다.

그렇지만 용서는 법의 테두리를 벗어날 때 구할 수 없다는 경고도 함께 전하려한다. 유일한 친구가 자신 때문에 목숨을 잃었다면 트라우마는 영원히 벗어날 수 없다.

현실에서 마약밀매는 감옥행이다. 심부름만 해도 같은 죄를 면할 수 없을 텐데 겁 없이 마약밀매에 발을 디딘 소녀 두니아의 행보도 용서받지 못할 무거운 죄다. 감독은 이 소녀에게 누가 먼저 돌팔매를 할 것인지 관객에게 뜨겁게 질문하고 있다.

'소년 파르디잔'의 클레이만 감독은 영화에서 알렉산더는 비극의 영웅과 같다고 말한다. 그렇다면 영화, '디바인스'의 우다 베니야미나 감독은 두니아를 어떻게 표현할까. 아무래도 관객들에게 그 질문을 던져놓은 것 같다.

어느 나라를 막론하고 가난은 존재한다. 가난한 자에게 죽은 듯이 살라고 하면 누가 말을 들을 것인가! 배가 고프고 죽을 것 같은데 생각과 행동이 올바르게 나올지 의문이다. 끝내 그들은 악을 쓰며 빈곤의 굴레를 벗어나기 위해 발버둥쳐야만 한다.

감독 우다는 카메라의 앵글을 두니아의 일상으로 밀어 넣고 그녀의 일거수일투족을 영상으로 담아낸 실사 같은 영상을 선보인다.

엄마의 치욕스런 사생활을 벗어나게 하려고 무엇이든 일을 하려는 두니아는 보통 아이들의 생각과는 다르다. 이 남자 저 남자와 키스를 하고 술을 팔고 몇 푼의 돈을 버는 엄마가 불쌍하기는커녕 창피하고 숨기고 싶은 존재라고 느끼는 아이들이 대부분이다.

그럼에도 술 취한 남자에게 두들겨 맞는 엄마를 위해 몸싸움을 마다하지 않는다. 두니아는 점점 강해져야만 했다.

영화에서 차가운 응어리를 가슴에 안고 사는 두니아란 소녀는 표현하기가 쉽지 않은 역할임에도 관객들의 마음을 울린다. 감독의 친동생이라는 이점도 있고 단점도 함께 있지만 끝까지 몸을 사리지 않고 열연한 울라야 아마라에게 박수를 보낸다.

부탁 하나만 들어줘 A simple Favor, 2018, 미국

갑자기 뒷머리를 세계 얻어맞은 것 같은 순간이 있다. 기가 찬다는 말이다. 얼마나 황당한 일을 겪었으면 그런 말이 생겼을까 하지만 살다보면 우리들 곁에 그런 일은 수없이 많다.

예를 들면, 영화, '베스트 오퍼'에서 주인공인 올드먼(제프리 러쉬 분)은 최고의 경매사이며 누구도 근접하기 힘든 명화감정의 고수이다. 고객의 눈에 그는 완벽하다.

그런 사람이 명화사기꾼이라면 그에게 작품을 맡긴 사람들의 뒷골은 망치로 얻어맞은 것 같을 게 뻔하다. 올드먼 역시 죄의 대가인지 모르겠지만 또 다른 사기꾼에게 당하고 만다.

이 영화, '부탁하나만 들어줘'를 보면 어이가 없다. 류승완 감독의 '배테랑'에서 안하무인인 재벌 3세 조태오(유아인 분)가 흥분해서 내뱉은 그 말, "어이가 없네"가 떠오른다. 정말로 실제 주변에서 일어날 수 있는 황당한 사건의 전말은 기가 차고 어이도 없다.

데이빗 핀처 감독의 영화, '나를 찾아줘'에서는 아내가 말도 없이 사라진다. 남편 닉(벤 에플렉 분)은 실종신고를 하고 경찰의 수사가 시작된다. 아내 에이미(로자먼드 파이크 분)의 실종 이유도 모르겠거니와 자신이 도리어 범인으로 의심받는 상황에 또한 어이가 없다.

닉이 의심을 받고 수사가 진행되는 동안 에이미는 호텔에서 TV를 보며 편하게 지낸다. 시간이 흐르면서 그녀는 또 다른 범죄를 저지르고 자해를 하며 스스로 손을 묶고 CCTV 앞에서 납치 쇼를 벌인다. 폴 페이그 감독의 '부탁 하나만 들어줘'는 데이빗 핀처 감독의 '나를 찾아줘'와 각본이 상당부분 닮았다. 아내의 실종사건이라든가, 자작극, 남편이 범인으로 오해받는 상황이 그렇다.

영화를 읽어본다.

남편과 사별한 스테파니(안나 켄드릭 분)는 아들과 함께 남편이 남긴 보험금으로 근근이 살아간다. 그녀는 개인방송을 하며 나름대로 밝고 건강하게 살려고 노력한다.

비가 오던 날, 아들 마일스를 하원 시키기 위해 유치원을 들렀다가 아들 친구인 니키의 엄마 에밀리(블레이크 라이블리 분)를 만난다. 고급 승용차에서 내려 걸어오는 에밀리는 귀족 같다. 같은 여자인 스테파니가 봐도 환상적인 여인이었다.

둘은 아들들이 친한 사이를 핑계 삼아 친구하기로 한다. 에밀리 집에

서 술을 마시며 서로 비밀을 털어 놓기로 하고 취한 스테파니는 이복오빠와 사랑을 나누었다고 고백한다.

에밀리는 근친상간녀라며 스테파니를 놀리지만 장난으로 그친다. 에밀리가 바쁠 때는 니키의 하원도 스테파니가 도와주기로 약속한다. 친구하기로 한지 며칠도 되지 않아 에밀리는 스테파니에게 전화를 걸어 아이의 하원을 도와달라고 부탁한 뒤 흔적 없이 사라진다.

감독 폴 페이그는 다르시 벨의 소설을 원작으로 이 영화를 각색하고 연출했다. 감독들은 누구나 자신의 각본과 연출에 만족한다는 생각이 들겠지만 관객으로선 상당히 아쉬운 마음이 드는 작품이다.

여주인공 스테파니는 일상의 소소함을 방송하며 삶에 충실하다. 에밀리는 화려한 사생활을 즐기고 보통의 사람들과 자신은 격을 달리하는 우월인자인 것처럼 행동한다. 하긴, 외모만 보면 상당히 우월인자인 건 인정된다. 아들의 유치원 부모들과는 말도 섞지 않는다. 그런 여인에게 스테파니가 먼저 손을 내민다. 에밀리는 그녀를 보는 순간 이용의 가치가 있다는 생각을 하고 친구하자는 말에 쉽게 동의한다.

어떤 순간에도 자신의 비밀을 털어 놓아서는 안 되는 스테파니에게 이복오빠와의 동침에 대한 고백도 술 한 잔에 내뱉게 만드는 기술을 가진 에밀리는 무서운 계획을 짜고 있었다. 아들의 하원을 부탁해놓고 잠적한 뒤 쌍둥이 동생을 죽이는 엄청난 범죄를 저지르지만 죄의식은커녕 도리어 남편을 범인으로 몰아가게 만든다.

영화, '나를 찾아줘'에서도 에이미가 스스로 사라진다. 바로 납치자작극을 벌이던 그녀도 경찰이 남편을 범인으로 지목하게 몰아간다. 옛 연인을 찾아가 도움을 받고 다시 남자를 죽이고 자해를 하는 이런 장면들은 완전 같은 작품인가 하는 의심이 들 정도다. 물론, 스테파니는 일인방송을 하며 사는 소시민이란 캐릭터로 다소 차이가 있었지만 그 정도의 각색은 기본이다.

영화에서 풍기는 오마주의 향기가 잠깐 동안 스멀스멀 피어오르는 건 왜일까 하는 생각마저 들었다. 그렇다고 전반적인 닮음을 논하는 건 아니다.

영화를 본 관객의 생각은 언제나 차이가 있으니 달리 보는 것은 당연한 결과이지만 영상을 보면서 또 다른 영상이 떠오른다면 현재의 영화는 매력이 떨어질 확률이 높다. '부탁 하나만 들어줘'에서 에밀리는 공구를 높이 던져 자신의 얼굴을 찢어놓을 만큼 잔인한 여인이다. 회사에서 알아주는 능력도 누구도 따라잡지 못할 화려한 수트 핏도 그녀를 만족시키지 못하는 상황은 안타까운 장면 중의 하나다.

사람이 만족하지 못하는 것은 한도 끝도 없는 변명과 이유가 존재하기 때문이겠지만 영화에서 에밀리는 쌍둥이자매로부터 압박을 받고 있던 중이다. 어렸을 적, 집을 불태워 아빠를 죽게 만들고 고향을 떠나 수배를 받았던 무서운 비밀을 털어놓겠다는 협박에 참지 못했다. 성공적인 삶을 살고 있던 그녀는 끝내 살인을 저지른다.

스테파니는 자신에게 벌어지고 있는 일들이 기가 막힌다. 얼떨결에 남의 아이를 돌봐주었고 아이의 아빠까지 도와주다 급기야 그 남자를 사랑하게 된다. 여기까지 관객들은 스토리를 이미 파악하고 있는 시나리오다. 때문에 이 영화는 실패했다고 볼 수 있다.

다만, 영화자체의 성공은 없었지만 블레이크 라이블리의 화려한 수트 핏이 관객들의 시선을 순간적으로 앗아간 것은 확실하다. 영화를 보고 난 뒤의 느낌은 아무것도 남지 않고 블레이크의 모습만 떠오르니 작품에 대한 민망함마저 든다. 이미 '나를 찾아줘'에서 스스로 공구로 얼굴

을 때리는 자해를 보았고 에밀리도 공구로 자신의 얼굴을 가격하는 장면이 과하게 보였다. 카메라가 공포심을 일으키기 위해 공구를 따라가다 컷을 했을 때, 어휴! 라는 탄식이 나왔다. 감동이었을까, 실망이었을까 질문할 필요는 없다.

완벽한 오마주가 아니었어도 어느 한 부분이 강하게 남게 된다면 영상을 보는 관객들의 뇌리는 자꾸 닮았다는 느낌을 떨칠 수가 없게 되는 이유다. 남편 숀(헨리 골딩 분)의 활약도 어설프기만 하다. 스테파니와 짜고 죽는 시늉을 벌일 때도 약간 코믹한 냄새가 난다.

감독 폴 페이그는 어떤 메시지를 전달하려했을까 궁금하다. 제작진들과 스테프들이 죽어라 노력해서 만든 영화가 실제로 사장되어버린다면 생각만 해도 마음이 아플 것 같다. 감독은 세상에 떠도는 개인방송의 힘과 과학의 발전? 아님, 범인은 가까이에 있는 것?

하여튼 개인적인 생각으론 소형카메라의 위대함이었다. 스테파니가 방송의 힘으로 에밀리를 잡는데 성공하기 때문이다. 또 다른 실망감은 스테파니 역시 온전하진 않다. 그녀도 친구인 에밀리가 범인이라 밝혀지기 전에 죽었다는 것만으로 숀에게 마음을 주고 둘이 잠을 잔 게 잘한 일은 아니다. 그럼에도 그녀는 완전무죄처럼 방송을 한다.

현실적으로 본다면 살인자를 잡았다는 상황에서 겁 없이 발랄한 마무리까지 할 수는 없다. 감독의 생각과 관객이 받아들이는 시선은 특혜를 받는 것과 같아서 깔끔하지 않다. 영화는 스테파니의 방송 장면을 보여주면서 시작되었고 에밀리를 범인으로 잡아 추락시키며 여전히 밝고 경쾌한 목소리로 방송을 마무리 하면서 영상은 끝을 맺는다.

감독도 방송의 위력을 보여주는 메시지일까라는 생각이 들게 되는 이유다. 그다지 흥미도 없고 볼거리도 블레이크를 제외하면 뻔했던 영화가 엔딩부분에서 관객에게 또다시 어이없음을 선사한다.

쌍둥이 자매를 죽이고 집에 불을 질러 아빠를 죽이고 보험금을 타내려 남편을 급박하며 못된 짓은 다하던 에밀리가 법정에서 20년이란 기간을 선고 받는다. 그녀는 교도소에서 활기차게 농구도 하고 즐겁게 수

감생활을 하고 있다는 자막이 올라가자 관객들은 실소를 터트린다.

감독의 수고로움이나 배우들의 노력에도 불구하고 흥행에 실패했다.

영화, 참으로 어렵다.

셰이프 오브 워터: 사랑의 모양The Shape of Water, 2017, 미국

신화에는 참으로 기이하고 신비로운 사건들이 줄줄이 소시지처럼 전해진다. 작가 이윤기의 『그리스로마신화』를 보면 신의 세계에선 얼굴은 사람이고 몸통은 동물인 생명체가 정말 많다.

예를 들면, 바람둥이 제우스의 아들 헤르메스가 드뤼오프스 왕의 딸 페넬로페와 사랑을 나누었고 아들을 낳았다. 그런데 놀랍게도 아기는 얼굴만 사람이었고 몸은 꼬리달린 염소였다고 한다. 사람들은 쑥덕거리며 헤르메스가 암염소와 사랑을 나눠 그런 아기가 태어났다고 했다.

그 뿐이 아니다. 태양신 헬리오스의 딸 파시파에는 남편을 사랑하지 않고 뜬금없이 근육질이 상당한 황소에게 반한다. 아름다운 여인이 어떻게 암소도 아니면서 황소에게 반할 수 있을까하는 의문 따위는 제쳐놓자. 결국 그녀는 임신을 하고 아기를 낳았다. 바로 '미노타우로스'이다. 머리는 황소이고 몸은 사람의 몸이었다. 기절초풍할 일이 이만저만한 게 아닌 이야기다.

　프랑스 파리 콩코드광장에는 신화를 잇는 조각상이 있는데 바로 몽둥이에 맞아죽는, 태어난 게 죄였던 '미노타우로스'다.

　천둥의 신 제우스도 애인을 만나기 위해 수시로 황소로 변신하기도 하고 독수리가 되기도 하고 마음먹은 대로 변신을 쾌하곤 했다.

　작가 이윤기는 옥스퍼드 출판부가 펴낸 『고대신화사전』에서 위와 같은 내용을 읽었다고 기록한다. 신들의 세계는 한도 끝도 없으니 이 정도로 하고 그렇다면 신들을 닮아가는 인간세계는 어떤가!

　TV방송 '신비한 TV 서프라이즈'에서 '미녀와 야수'가 실존인물이라고 공개했다. 사람과 원숭이의 중간쯤 되는 모습이었고 그는 당시 10세 남아였다. 1547년 소년은 당시에 알 수 없었던 '늑대인간 증후군'을 앓고 있었기에 그런 형상을 갖게 되었다. 그의 주인은 어른이 된 그를 실험적인 결과를 보기 위해 결혼을 시켰다. 낳은 자식 중에 4명이 유전을 받았다고 한다.

영화, '셰이프 오브 워터'를 보면 인간과 물고기형상을 합친 반인반수가 주인공이다. 그도 돌연변이일 수 있겠지만 아닐 수도 있다는 생각이 든다. 괴물 닮은 생명체는 남미의 호수 속에서 살다 잔인한 인간들에게 잡혀 실험실로 끌려온다.

감독 기예르모 델 토로는 남미에서 자유롭게 유영하던 괴생명체를 냉전의 시대에 기어코 불러냈다. 델 토로의 기발한 아이디어는 그의 장편 데뷔작인 영화 '크로노스'라는 제목에서 알아봐야 한다. 하기 싫어도 감독 델 토로를 말하려면 신화를 또 들먹거려야겠다.

크로노스가 누구인가! 바로 자신을 낳은 아버지의 왕좌를 뺏기 위해 아버지의 성기를 낫으로 잘라버린 신화의 주인공이다. 그 아들은 마음껏 동물로 변신하는 천둥의 신 제우스다.

동물과 인간과의 협연이 자연이고 자연은 모두를 아우르는 기막힌 앙상블이다. 델 토로 감독은 자신의 살아온 길과 생각을 좀 더 구체적인 메시지를 담아 관객에게 전하려 거대한 포석을 깔았다. 불안함 속에서 깊은 사유를 느낄 수 있는 영상이 '셰이프 오브 워터'다.

영화를 읽어본다.

엘라이자(셀리 호킨스 분)는 미 항공 우주연구센터에서 청소부로 일한다. 태어날 때 물 속에서 있었다는 그녀는 고아이며 청각장애자로 말은 못해도 상대방의 말은 알아듣는다. 목에는 자신도 모르는 세 줄의 붉은 상처자국이 남아있다.

아침에 일어나면 달걀을 삶고 욕조에 몸을 담그고 변함없는 하루를 시작한다. 그녀 곁에는 옆집에 사는 화가 자일스(리차드 젠킨스 분)와 친자매처럼 다정한 동료 젤다(옥타비아 스펜스 분)가 있다. 자일스는 잘 먹지 않는 파이를 매일 산다. 그는 파이가게 주인을 좋아하는 동성애자다. 엘라이자와 자일스는 낡은 극장 이층에 살면서 서로 가족처럼 힘이 되어준다. 매일 자일스와 그날에 있었던 소소한 일들을 얘기한다.

어느 날, 엘라이자와 젤다는 실험실 청소를 하던 중 대형수조가 들어오는 것을 보게 된다. 무언가에 끌리듯 수조 속을 들여다보던 엘라이자는 기겁을 한다. 물속에 거대한 괴생명체가 움직이는 것을 보았기 때문이다.

감독 기예르모 델 토로는 영화 '호빗; 뜻밖의 여정'으로 더 많이 알려지기 시작했다. 판타지를 추구하고 깊이 있는 새로운 형태의 도전 끝에 그는 물의 모양을 생각했다. 물은 모양이 없고 담기는 그릇의 형태에 따라 변형된 형상이 생긴다는 것에 착안을 한 것 같다.

신화를 벗어나 물의 세계를 들여다보자.

물 박사 '에모토 마사루'는 8년 동안 물의 형상에 대해 사진을 찍고 연구한 결과, 물에도 형상이 있음을 알게 됐다. 물도 의식이 있고 그 결정체는 모두가 다른 모습을 하고 있었다. 밝고 상쾌한 음악을 틀어주면 그에 맞는 아름다운 결정체를 보였다고 했다.

진짜야? 사실이야? 하고 질문이 쏟아지겠지만 마사루박사는 사실이라고 자부한다. 물을 사이에 두고 베토벤의 음악을 들려줬더니 세밀하고 잘 정돈된 아름다움이 느껴지는 결정체를 보였고 치유효과도 있을 것 같다고 했다. 정말 세상에 놀랄 일이 한 두 가지가 아니다.

어쨌거나, 델 토로 감독은 물의 모양이 무엇이라고 생각한 걸까. 바로 물이란 담는 그릇에 따라 형상이 변한다는 것이다. 그처럼 물도 사랑처럼 본래의 모양과 색깔은 없다. 하지만 모양이란 자체만을 설명하는 것은 아니다.

감독이 주장하는 것은 평등과 소통의 세계다. 누가 누구를 사랑하는 데 있어서 이유나 제제는 필요치 않다. 물속에 사는 괴생명체와 엘라이자는 물을 사이에 두고 음악소리와 눈빛, 손가락 하나하나의 움직임으로 사랑의 느낌을 전달하고 언어를 구사한다.

엘라이자가 사랑하는 것은 괴생명체의 돌연변이적인 모습에 변태처럼 반한 것이 아니다. 그가 비록 물속에 살더라도 사람과 소통할 수 있는 능력이 있고 물고기의 형상을 하고 있지만 착한마음씨와 키스를 부르는 매력적인 입술과 근육질의 몸매를 갖고 있는 게 그 이유다. 좀 더 판타지적인 요소로 접근하면 엘라이자의 목에 선명한 세 줄의 흉터가 훗날 물속에서 아가미로 변신하여 괴생명체와 영원히 함께 한다는 것이다. 이미 그녀는 전생에 물속에서 왔다는 그럴싸한 이유를 갖고 있다.

둘은 유행가 가사처럼 급기야 죽을 만큼 서로 사랑한다. 그가 물속을 나오면 비늘로 뒤덮인 신비한 몸이 말라 죽게 된다. 푸른 별처럼 반짝이는 신비한 생명체를 따라 그녀가 물속으로 한 몸이 되어 들어가는 장면이 바로 이 영화의 정점이다.

델 토로 감독은 사람과 사람이 아닌, 다른 종의 관계를 그리며 냉전시대의 불안했던 모습을 상기 시킨다. 영화의 주인공들은 주변인들이다. 언어 장애자인 엘라이자와 다정한 친구 젤다, 엘라이자의 이웃이며 동성애자인 화가 자일스 등이 사회적소수자들로 구성되어 있다. 가난과 고난은 하나이고 흑인과 백인이지만 장애자인 동시에 아무런 힘이 없는 사람들, 그리고 스파이 스테틀러가 그들이다.

미 항공 우주연구센터에서 근무하는 사람들은 소수자들에게 위협적인 말투와 힘을 과시한다. 실험실의 보안책임자인 스트릭랜드(마이클 섀넌 분)는 권력과 폭력으로 엘라이자에게 성폭력을 가하고 흑인인 젤다를 위협하며 그녀의 남편을 때리기까지 한다.

감독은 소련스파이로 일하면서도 실험실에 갇혀 있는 괴생명체를 구조하려 애쓰는 스테틀러 박사(마이클 스털버거 분)의 올바른 사고와 마음씀씀이를 평화의 내조자로 인정하지만 어쩔 수 없이 그는 실험실 보안책임자 스트릭랜드에게 죽는다.

감독의 메시지인 평화를 위해 노력하지만 그가 미국에 소련스파이로 온 죄는 대가를 치러야한다는 것이다. 이 부분에서는 그다지 공감되지 않는다. 결국, 그의 도움으로 사회적소수자들인 자일스와 엘라이자, 젤다는 힘을 합쳐 생명체를 구조해낸다. 이런 상황을 감독은 편견과 가치관의 상실이기에 사람의 지위나 높고 낮음이 없으며 동물에게도 생명의 가치가 있음을 보여주려 했다.

시대역시 냉전의 시대인 만큼 영상은 엄격하고 삼엄하다. 할아버지 자일스가 트럭을 몰고 경비대에 도착했을 때 초소 안 라디오에서 전쟁 뉴스가 흘러나왔다. 자일스가 매일 듣고 보는 텔레비전에선 수시로 냉전시대의 상황을 전달하고 있다. 급박함과 불안전한 현실을 감독은 전투 신하나 없이 영상만으로 차가움을 느끼게 한다.

이 영화를 로맨스로만 본다면 영화, '미녀와 야수'와 다를 바가 없다. 하지만 독특한 세계관의 감독 기예르모 델 토로의 작품은 심도 깊은 판타지를 자신의 내공을 입혀 관객에게 선보였다. 사랑은 아무런 조건도 없고 그들이 말하기 전까진 알 수 없다. 그래서 깊다.

영화는 약간의 불편한 장면도 있다. 마이클 섀넌의 홀라당 벗은 엉덩이 보는 시간이 지나치게 길다. 더불어 괴생명체가 고마움의 표시로 자일스의 대머리를 쓰다듬어주자 머리에서 갑자기 머리칼이 솟아나는 장면은 코믹에 가깝다. 그렇다 해도 영화는 두 종류의 생명이 서로 공감하고 교류가 되었다는 점에서 새로운 판타지영화의 도전이라 볼 수 있다. 덧보태 작가출신 샐리 호킨스의 청각장애자 역할은 놀라운 캐스팅이라는 생각이 든다.

그녀가 앨라이자로서 보안책임자에게 모욕을 당한 뒤 강한 눈빛 속에 무언의 손가락 언어로 그를 농락하는 장면은 그녀만의 예술적 카리스마가 넘친다.

엔딩 신에서 흐르는 시가 관객의 시선을 잡는다.

  내 눈에는 온통 그대만 보여서 그대가 어떤 모습을 하고 있는지
  도저히 알 수 없습니다.

  제23회 크리스틱 초이스 시상식에서 감독상을 비롯 많은 상을 수상한
감독의 아이디어가 탐나는 작품이다.

코코 CoCo, 2017, 미국

인생은 상자 속의 초콜릿처럼 미지의 세계다.

영화, '포레스트 검프'에서 죽어가는 엄마와 아들이 대화를 나눈다. 새우를 잡던 아들은 어머니가 위독하다는 연락을 받고 집으로 달려간다. 울먹이는 아들을 엄마가 위로한다.

"아들아 나는 때가 되어 가는 것뿐이야, 두려워마라 죽음도 인생의 일부란다. 우리들에게 주어진 운명이지, 네 엄마가 된 것도 모르는 운명이었어."

아들이 묻는다.

"제 운명은 무엇인가요?"

"그건, 네가 찾아야해. 인생이란 상자 속의 초콜릿과 같은 거란다."

엄마는 아들에게 죽음도 삶도 하나의 인생이니 운명으로 받아들여야 한다는 위안을 보낸다. 또 다른 영화, 멕시코출신 감독 알폰소 아라우의 '구름 속의 산책'을 보면 멕시코 특유의 혈연관계가 진하게 녹아있다.

여주인공 빅토리아(아이타나 산체스 기욘 분)는 포도밭 농장주의 딸이다. 농장이름은 멕시코 언어로 '라스 누베스'라는 명칭이었는데 구름이란 뜻이었다. 그곳엔 할아버지 할머니 엄마 아빠 사촌들까지 함께 살고 있다. 멕시코특유의 가족애가 돋보이는 오직 혈연만이 세상을 살아가는 데 의미가 있는 사람들이다. 영화는 무거움도 없고 심도 깊은 스릴도 없지만 사랑이 넘친다. 영화가 끝날 때까지 가족사랑뿐이었다. 강요하지도 않으며 겉으로 드러내지도 않고 가족을 돌아보는 할아버지의 정신세계가 관객을 사로잡았다.

수많은 가족영화가 탄생되지만 멕시코 사람들의 진한 사랑이 넘치는 '구름 속의 산책'이 으뜸인가 했다. 갈등이 생긴다. 이와 닮은 뜻밖의 애니메이션에서 경쟁자가 나왔다. 바로 리 언크리치 감독의 디즈니+픽사가 선보인 영화, '코코'이다.

영화를 읽어본다.

소년 미구엘(안소니 곤잘레스 목소리)은 뮤지션을 꿈꾸며 거리에서 구두를 닦는다. 증조할머니 엘레나(레니 빅터 목소리)를 비롯해 가족들은 음악에 대해 서로 입도 벙긋 못하게 한다. 이유는 마마코코의 아버지 헥터 리베라(가엘 가르시아 베르날 목소리)가 음악을 하기 위해 가족을 버리고 떠난 뒤 영원히 나타나지 않았기 때문이다.

음악이란 단어만 나와도 버럭 고함을 지르고 신발을 휘저으며 사나워지는 마마코코의 딸 엘레나 할머니는 동네에서도 이미 소문이 난 상태다. 하지만 미구엘은 음악가의 꿈을 버리지 않는다. 때마침 동네에선 '망자의 날'을 맞아 축제가 벌어지고 음악오디션도 열린다는 소식을 들은 미구엘은 가족들 몰래 대회에 참가하려 한다. 반주를 하기 위해서는 기타가 있어야 했다. 부득이하게 마을 최고의 뮤지션이었던 에르네스토 델라 크루즈(벤자민 브랫 목소리)박물관에서 기타를 잠시 빌리려 하다 저승으로 순간이동되고 만다.

감독 리 언크리치는 멕시코에서 죽은 자들을 기리는 날이 지정되어 있음을 알고 모티브로 삼아 영화를 구상했다. 전통적 차례인 '망자의 날'은 멕시코사람들이 조상들을 영원히 잊지 않고 산다는 특화된 언약의 날이다. 산자들은 망자들이 살아생전에 어떤 일들을 했었고 어떤 추억들을 남기고 떠났는지에 대해 남은 가족들이 함께 생각해보고 맛있는 음식을 바치고 그리워한다. 언크리치 감독은 죽은 자와 산자들의 거리가 멀고도 가깝다는 것을 진지하게 표출해 내고 있다.

차례상을 차려놓으면 망자들은 손에 손을 맞잡고 나들이하듯이 어느 허공을 지나 인간세계로 내려온다. 살아있는 가족들 곁에서 잠시라도 머물다 가기를 소망하는 멕시코 사람들의 따뜻한 혈연관계가 얼마나 진한 지 보여주는 영상이다. 그래 그럴 것이다, 라는 감독이나 관객들의 느낌이 동일시되고 있다. 이 영화를 보면 눈물이 나는 이유다.

영화의 말미에 보면 죽은 자들은 산자들을 만나기 위해 아름다운 황금빛꽃잎이 수놓아진 다리를 기쁨에 차 건넌다. 마치 기독교에서 말하는 망자들이 건너는 요단강과 같은 의미다.

다리는 이승과 저승의 경계를 짓지만 사실, 산자들은 아무도 그 다리를 알지 못한다. 산자들의 그런 약점을 잡은 리 언크리치 감독은 세밀하고 감성 풍부한 시나리오를 구성해 아름다운 영화를 탄생시켰다.

감독의 독특한 상상력은 관객들에게 익숙한 가족이야기로 시작된다. 아득히 먼 조상님들의 과거에서부터 현재 윗세대들의 조상에 대한 다양한 생각과 그리움과 애틋함을 증폭시키며 마음을 뜨겁게 만든다. 이승보다 망자들의 세계가 더 발전적이고 과학적인 시스템이 가동되는

영상에서는 언크리치 감독의 뛰어난 연출력에 놀라지 않을 수 없다.

세계 영화 팬들의 다양한 욕구는 제작자나 감독들을 치열하게 경쟁시
키고 있다. 그들은 실패하지 않기 위해 새로운 시나리오에 도전하고 상
상을 초월하는 제작비를 쏟아 붓기도 한다. 그런 영화시장에서 애니메
이션으로 경쟁을 한다는 것은 매우 힘든 작업이 아닐 수 없다. 그렇다고
제작과정이 첨단장비와 슈퍼스타들이 총동원되는 영화와 달리 손쉽게
만들어지는 것도 아니다. 애니메이션의 제작과정도 엄청난 난이도가
존재한다.

이미지마다 한 프레임씩 촬영하고 그런 이미지들이 매 컷마다 살아

움직일 수 있게 만드는 수많은 과정을 거쳐야 한 편의 영상이 탄생된다. 바로 애니메이터들의 숨은 노력과 정성이 함께 하기 때문이다.

영상으로 보이지 않는 장면이 하나처럼 움직임을 보이며 관객들의 시선을 끌어당기는 힘, 기술이 바로 애니메이션영화이다. 그럼에도 불구하고 단편과 장편을 끊임없이 제작해 내는 디즈니+픽사의 모든 영화들은 유명배우들을 목소리만으로 출연시키며 관객들의 심장을 쫄깃하게 만드는 역작을 쏟아내고 있다. 배우들은 얼굴이 아닌 목소리만으로 영화를 성공시킬 수 있을까 하는 의구심도 있을 수 있지만 모험하듯 그들은 출연을 기꺼이 응한다.

이번 영화, '코코'에도 스타들의 목소리가 한몫 톡톡히 하고 있다. 대부분이 망자의 목소리로 출연하지만 영화 자체가 밝고 가족들의 사랑이야기여서 그들은 신나게 녹음하였다고 한다.

목소리에 따라서 이미지의 포인트가 한층 깊은 여운을 남기고 공감대를 일으킨다. 죽어서 해골만 남아 돌아다닌 다는 그림을 떠올려보면 고개가 끄덕여지고 해골들과의 대화도 어색하지 않는 영화다. 어차피 죽으면 우리 모두 해골로 남으리라는 것을 알고 있으니 차라리 언크리치 감독 덕분에 해골로 돌아다닌다는 상상을 해보는 것도 괜찮다.

특히 '코코'는 픽사의 여러 작품 중에서 가장 마음을 찡하게 울리는 최고의 애니메이션이 아닐까 싶다. 제목은 주인공인 미구엘의 이름이 아니라 한마디 말도 제대로 하지 않고 앉아 있는 할머니다. 진한 주름이 패인 얼굴, 길고 삐뚤어진 쭈글쭈글한 손가락, 굽은 허리로 시선을 사로잡고 있는 고조할머니가 영화의 중심에 있는 예쁜 이름의 '코코'다.

마마코코의 딸은 극성스럽게 엄마를 챙기고 손자를 사랑한다. 망자인 마마코코의 아버지 헥터 리베라와 엄마 이멜다(알라나 우바치 목소리) 역시 손자의 손자인 미구엘을 위해 저승에서도 동분서주하는 모습이 '구름 속의 산책'에서 할아버지와 할머니가 손녀를 위해 최선을 다하는 영상과 겹쳐 그들의 가족애를 다시 생각나게 만든다.

영화, '포레스트 검프'에서 어머니가 아들에게 남긴 죽음도 인생의 일부이고 그런 인생이란 상자 속에 든 초콜릿처럼 아무도 알지 못하니 스스로 잘 헤쳐 나가야 한다는 위안의 말이 미구엘에게 남긴 이멜다 할머니와 헥터 할아버지가 남긴 뜻과 상통한다.

영화, '코코'에서는 시선을 끄는 몇 장면이 있다. 애견 단테와 숨어서 델라 크루즈의 영상을 바라보며 황홀해 하는 미구엘의 눈동자가 놀랄 만치 몰입해 있는 것과 저승에서 돌아와 헥터 할아버지가 어린 마마코코에게 불러주던 노래 리 멤버를 치매에 걸린 마마코코에게 청아한 목소리로 불러주는 미구엘과의 영상이다. 어떤 관객이 이런 영상을 보고 한눈을 팔 수 있을까. 마마코코의 표정에서 최고의 명장면을 연출해 낸 언크리치 감독은 애니메이션계의 거장으로 인정한다.

집집마다 제단에는 망자를 기리는 마음으로 사진을 올리고 화려한 꽃
잎으로 치장을 하고 정성껏 준비한 음식을 차린다. 어둡고 가난한 자들
의 희망과도 같은 촛불이 중심을 잡고 하늘거리며 불탄다. 촛불은 세상
을 밝히는 상징이며 희망의 빛이며 인류미래의 빛으로 의미가 깊다.

'코코'는 많은 영화제에서 애니메이션영화상을 수상했다. 미구엘의
목소리를 연기한 안소니 곤잘레스는 워싱턴비평가협회상 시상식에서
최우수 목소리연기상을 수상하는 영광을 안았다.

올 더 머니 All the money in the World (미국, 2017)

12번째 솔저 The 12th Man (노르웨이, 2017)

계춘할망 Canola (한국, 2016)

미 비포 유 me before you (미국, 2016)

더 페이버릿: 여왕의 여자 The FAVOURITE (미국, 2018)

찰리와 초콜릿공장 Charlie And The Chocolate Factory (미국 영국, 2005)

헌터 킬러 hunter killer (미국, 2018)

완벽한 타인 Intimate Strangers (한국, 2018)

chapter 02

올 더 머니All the money in the World, 2017, 미국

돈과 권력의 구조가 얼마나 아이러니한 것인지 우린 알면서 모른 척 행동한다. 차라리 모른다고 하는 편이 인간적일 수 있다. 이런 이중적 상황이 사람의 마음을 저울질한다.

영화 '올 더 머니'에서 폴 게티는 감당하지 못할 만큼의 돈과 그에 따른 권력을 가지고 있다. 손자가 납치되고 귀가 잘리는 상황을 보면서도 돈은 내놓을 수 없다고 한다. 이런 내용만 보면 폴의 냉정하고 비인간적인 모습만 보인다. 하지만 깊은 곳을 들여다보면 폴은 사랑이 없고 애정이 없다. 사람에게 필요한 것은 돈만이 아니라 사랑이다. 그의 죽음을 보면 그렇다.

영화를 읽어본다.

존 게티(찰리 플러머 분) 3세는 늦은 밤 로마의 파르네스광장에서 이탈리아 범죄 단체에 납치당한다. 범인들은 세계 최고의 재벌인 폴 게티(크리스토퍼 플러머 분)를 협박해 거액을 뜯어내려는 수작으로 게티의

손자를 잡아간다. 게티 2세는 이미 이혼한 상태였고 아들 존은 어머니 게일(미셸 윌리엄스 분)과 초라하게 살고 있었다. 게일은 존의 양육권을 갖는 자격대신 재산을 포기한 것이다. 납치범들은 이혼에 상관없이 폴이 손자를 구할 것으로 믿는다.

게일은 아들을 구해달라며 게티를 찾아가 애원하지만 손자를 위해 단한 푼도 주지 않겠다고 말한다. 그는 데리고 있던 전직 CIA 요원이었던 플레처(마크 월버그 분)에게 최대한 돈을 들이지 않고 손자를 구해오라고 명한다.

범인 중 한 명이 게일에게 전화를 해 자신의 이름은 친콴타(로망 뒤리스 분)라 하며 1,700만 달러를 요구했다. 협상은 하지 않겠다던 할아버지 폴 게티는 흡사 사람의 생명을 구하는 듯 미술품 중개인과 거금을 놓고 신중하게 타협하며 자신이 원하던 그림을 사들인다.

영화는 감독이 리들리 스콧이라는 명성 하나만으로 관객들의 시선을 끌기에 충분했다. 거기에 끔찍한 납치극의 시나리오가 실화라는 점도 많은 관심을 모았다. 감독들이라면 이런 지독한 사건이 실화라는 사실에 욕심을 낼 법한 소재이긴 하지만 영상으로 표현해 낸다는 것은 신중하고 세밀한 작업이 아닐 수 없다. 때문에 함부로 건드릴 수 없다는 문제의 소지도 있다. 그렇지만 리들리 스콧 감독은 세계를 떠들썩하게 했던 지상최고 재벌가의 납치사건은 그냥 넘길 수 없었다.

영화는 감독의 진두지휘 아래 거침없이 진행되었다. 배우들은 각자의 연기실력을 최대한 살렸다. 영상이 관객들에게 펼쳐졌을 때 좀 더 비극적이며 사실적으로 보이기 위해 다리우스 월스키 촬영감독은 최고의 현장감을 관객에게 선사하기 위해 노력했다. 그럼에도 불구하고 긴 시간과 많은 사람들이 공을 들여 만든 영화에 태클이 걸렸다. 주인공 폴 게티역을 맡았던 케빈 스페이시가 성추문에 연루되면서 감독과 제작진은 그가 출연한 모든 장면을 삭제하기로 결정한다.

영화가 반 토막이 되자 새로운 주인공을 찾아야했다. 감독의 선택은 크리스토퍼 플러머였다. 이 선택이 잘못되었다면 '올 더 머니'라는 영화는 세상 밖으로 나오기 힘들었을 것이다. 다행스럽게도 리들리 스콧 감독의 탁월한 시선은 영화 마니아를 영상에 몰입시키는데 성공했다. 이미 촬영이 끝난 상태에서 폴 게티의 장면만을 혼자 열연해내기란 쉬운 일이 아니었다. 노장은 죽지 않았다. 전혀 크리스토퍼의 연기가 어색하지 않았고 처음부터 폴 게티는 크리스토퍼의 자리였던 것처럼 완벽하게 소화해낸다.

예를 들면, 며느리 게일이 아들 존의 납치에 대해 의논하러 왔을 때도 시큰둥하다 못해 오히려 사물에 집착하는 모습과 플레처에게 '너는 내가 고용한 사람이니 내가 시키는 대로 큰 돈 들이지 말고 손자를 구해오라.' 말하는 등의 장면에서 에서 관객들은 화가 치밀었을 것이다.

연기를 하는 것은 영상 속의 그 자리에서 자신의 빙의된 모습을 보일 수 있는 배우가 특별하고 진정한 배우라고 할 수 있겠다. 촬영이 끝나고 맡았던 배역에서 오랫동안 빠져 나오지 못해 고생했다는 배우들이 의외로 많다는 것을 보면 고개가 끄덕여진다.

아들의 납치에 마음 놓고 울어보지도 못하고 불안과 공포심에 애간장을 태우는 어머니 게일을 연기한 미셸 윌리엄스는 표현하기 힘든 내면의 연기로 영화의 중심을 잡고 있다.

세계 최고 갑부의 며느리였지만 이혼한 뒤 아들이 죽을 지도 모른다는 상황에서 슬픔과 처절함을 마음 놓고 드러내지 못하는 엄마의 역을 연기하기란 상당히 힘들었을법하다. 시아버지 폴 게티를 찾아가 애원도 하고 화도 내보지만 전직 CIA 요원이었던 플레처(마크 월버그 분)와 협력해 해결하라며 관심 없다는 뜻을 비친다.

돌아오는 길에 밀려드는 기자들의 질문은 그녀의 귀에 들리지 않는다. 아들 존의 비명소리만 귀를 자극할 뿐이다. 게일은 기자들의 쏟아지는 질문에 입을 다문다. 갈등의 상황을 해결해야만 하는 입장을 연기하는 것도 영상에 몰입되는 미셸 윌리엄스가 자신의 비참함을 극대화시키며 느껴야한다. 그녀는 해낸다. 앙다문 입술에서 간절함을 표현해 내기란 쉬운 게 아니다. 간혹, 아이를 납치당한 엄마의 마음이 저렇게 냉정할 수 있나하는 의문을 일으키게 된다. 하지만 미셸은 울고불고 곁에

누군가를 붙잡고 흔들어야만 슬픔을 표현하는 게 아니란 것을 강조하는 리들리 스콧의 요구에 기꺼이 응한다.

그녀의 무뚝뚝하면서 깊은 울림은 시아버지의 잘못된 판단에 반대하지 못하고 따라야만 하던 고용인 플래처마저 자신의 편으로 만들었다. 그런 원천의 힘을 보여주는 연기가 감독을 만족하게 해줄 수 있다. 화가 치솟을 땐 강한 어조를 쏟아내고 친콴타와 협상을 할 땐 최대한의 현명한 모성을 연출하고 눈물 흘리는 시간도 아까운 엄마를 오롯이 끌어올린다.

플래처를 연기한 마크 월버그도 차분하고 냉철한 열연에 영화의 질을 높이는데 한몫 거들었다. 전직 CIA 요원답게 고용주인 폴 게티의 비열함을 보다 못해 참았던 말들을 뱉어내듯 쏟아 붓고 떠나버리는 장면에서 그는 실제 요원처럼 연기가 매끄럽다.

영화에서 빼놓을 수 없는 또 다른 인물이 있다. 존을 납치해 놓고 동료들 몰래 그의 곁에서 알 듯 모를 듯 은근히 도와준다. 게일에게 전화를 걸어 빠른 협상을 요청하며 존의 소식을 전달하는 친콴타 역의 프랑스 배우 로망 뒤리스를 주목해 볼만하다. 그의 연기가 앞으로 감독들의 러브콜을 꽤 받을 것 같은 예감이 든다.

감독은 돈이란 과연 무엇인가를 관객에게 묻는다. 납치범들은 결국 원하는 대로 제시액을 현금으로 받고 액수를 확인하기 위해 사람들을 사서 돈을 세어본다. 파묻힐 만큼의 현금다발 속에서 행복의 수치는 얼마나 올라갈까라는 질문을 해보면 관객의 수만큼 대답은 천차만별이다. 그러니 돈으로 해결되는 것은 그다지 많지 않음을 영화를 보면 더 잘 알 수 있다.

예로, 폴 게티는 쓸쓸함이 어둠과 같다. 거대한 저택에서 혼자 그림을 보고 행복해 하지만 그런 사물을 통한 만족감은 사람으로 인한 행복감과는 차이가 많다. 결국, 아무도 지켜주지 않은 채 죽음을 맞이하는 폴의 허망함을 보면서 관객들의 생각이 깊어진다.

소년이 구출되고 그들은 잡히면서 영화는 막을 내렸다. 그런데 관객들과 현실에 대한 공감대를 나누다보면 그동안 경찰들의 행위가 불편하다. 게일 혼자서 아들을 구하기 위해 고군분투하는 동안 경찰의 행동반경이 극히 좁다. 반대로 게일을 쫓아다니는 기자들의 협동심은 국민의 알 권리를 위해 그렇다고 쳐도 그녀에겐 전혀 도움이 되지 않았다.

아들의 생사여탈을 가진 납치범들을 설득하기 위해 피를 말리는 돈 없는 엄마의 마음을 이해 할 수는 없다. 그 간절함을 어떻게 영화로 다 표현할까.

영화 속에선 재벌인 폴이 그림은 사들여도 납치된 손자를 거금을 들여가며 구하려 하지 않아 비난을 받는다. 그는 납치범과 협상을 하면 또 다른 손자들이 위험에 빠진다고 했다. 그 말이 전혀 아닌 것도 아니다.

아덴만을 넘나드는 대형선박들이 소말리아 해적들에게 수시로 잡혀 죽임도 당하고 각 나라에 협상을 요구해온다. 해당국은 납치된 선원들을 구하기 위해 돈을 낸다. 처음엔 먹고 살기 힘들었던 어부들이 한두 번의 도적질에 맛을 들여 정착된 게 해적들의 시작이다.

그렇지만 좀 더 잔인해지고 뻔뻔해지는 해적들의 행위에 우리나라도 곤욕을 치렀다.

폴 게티처럼 손자의 목숨을 담보로 하는 위험을 감수하더라도 납치범들과의 협상은 없어야하는지 해결책은 정말 없는지 영화로만 끝낼 사건이 아닌 것 같다.

12번째 솔저 The 12th Man, 2017, 노르웨이

사람의 능력에는 한계가 있다고 들었다. 하지만 우리가 영상으로 만나는 사람들은 그렇지 않다. 픽션이든 논픽션이든 사람들의 능력은 경우의 수에 따라 완전 다르다. 거기에 인간만이 가지고 있는 염력을 보탠다면 힘은 상상을 초월할 수 있다.

영화, '레버넌트; 죽음에서 돌아온 자'를 보면 주인공인 휴 글래스(레오나르도 디카프리오 분)는 애마와 함께 절벽에서 떨어진다. 그는 혹한을 견디기 위해 말의 내장을 끄집어내고 뱃속에서 밤을 보낸다. 몸은 여기저기 부서지고 핏덩어리가 고드름처럼 달라 붙어있었다. 그는 사지를 움직이지 못할 상황에서 오로지 아들의 복수를 위한 상상을 초월한 정신력을 보여준다.

영화, '12번째 솔저'의 주인공은 조국을 위해 저승과 이승의 경계를 넘나든다. 도저히 살아날 수 없을 것 같은 상황이었음에도 두 영화의 주인공이 살아남은 것은 협력자들이 있었기 때문이다. 사람의 정신은 광

선과 같다.

영화를 읽어본다.

히틀러의 광기가 한창이던 1940년 독일군은 노르웨이를 침공한다. 그들은 북부 작은 도시에 주요시설물의 요새를 만든다. 국가의 위기에 맞서 영국군에게 훈련받은 노르웨이 군부는 연합군을 위한 12명의 특공대를 조직한다. 일명 '마틴 레드작전'으로 이들은 어부로 위장해 독일군 요새와 비행장 등을 폭파하는 임무를 받고 잠입하지만 비밀이 새나간다. 독일 경비정에 어선은 포위되었고 대원들은 목숨보다 소중한 국가기밀서류를 포함해 무기들을 모두 폭파시킨다. 작전은 실패로 끝나고

12명 중에서 한 명은 현장에서 숨진다. 총상을 입은 얀(토마스 갈라스타드 분)은 바다로 뛰어들어 유일하게 살아남지만 포로가 된 나머지 열명도 잔인한 고문 끝에 총살당한다.

유일한 생존자인 12번째 솔저 얀은 독일군의 눈을 피해 영하의 바다를 헤엄쳐 숲속 민가로 도망친다. 주민들은 얀이 스웨덴으로 무사히 넘어갈 수 있게 목숨 걸고 돕는다. 오직 노르웨이를 위해 살아야한다는 일념으로 한 마음이 된다. 독일군이 작전에 패배했다는 유일한 증인이기 때문이었다.

감독 헤랄드 즈워터는 자신이 만든 영화 중에서 최고의 작품이라고 자신할 만큼 이 영화에 대한 애정이 깊다고 말했다. 때문에 그는 연출뿐만 아니라 제작에도 참여했다.

그가 캐스팅한 배우들은 영화에 혼신을 쏟아 냉철하고 강인한 노르웨이국민정신을 보여주는 최고의 연출을 소화해냈다. 감독이 특별히 간섭하지 않아도 연기자들은 노르웨이 특유의 혹한과 폭설의 환경에서도 열연해 관객들의 호응도를 높였다. 가장 닮은 영화로 감독 피터 위어의 작품 '웨이 백'이 있다. 독일의 전쟁발발로 유럽의 첫 희생 국이 되었던 조국 폴란드를 위해 싸운 젊은 장교 야누즈(짐 스터게스 분)의 처절한 탈출기가 그려지고 있다. 야누즈는 스파이라는 누명을 쓰고 시베리아 강제수용소에 잡혀간다. 수용소소장이 말한 것처럼 그곳은 사방이 영하 40도를 웃도는 악명 높은 시베리아 벌판 한가운데였다. 그렇기에 탈출은 엄두를 내지 말라는 경고였다. 얀누즈는 자신을 따르는 몇 명의 포로들과 시베리아에 퍼붓는 혹한의 폭설을 견디며 끝내 탈출에 성공한다. 역시 원작을 기본으로 한 실화이다.

'12번째 솔저' 얀은 동상으로 발가락이 부서지고 총상으로 온 몸을 다친다. 걸음도 걷지 못하게 몸이 굳어버리자 주민들이 손과 발이 되어 그를 돕는다. 모두 목숨을 내놓은 상태였다. 독일장교 쿠르트((조나단 리스 마이어스 분)는 자신은 실패한 경험이 없다는 자신감을 비치며 끝까지 뒤쫓는다.

얀과 그를 돕는 주민들의 심리는 영웅화가 아니다. 노르웨이 특공대의 '마틴 레드작전'이 실패로 끝났지만 독일군은 그들을 모두 잡지 못했다. 히틀러에게 거짓 보고를 올린 쿠르트는 나치군의 질서에 치명적인 실수를 보인 것이 된다. 얀이 살아 있다는 소문이 돌면서 노르웨이국민들은 희망의 불씨를 갖게 되고 흩어졌던 마음들은 결속과 의리로 뭉친다. 자유를 향한 인간만이 가진 불굴의 정신세계가 경이롭다.

영화는 진실과 허구의 경계선에서 각본과 감독들의 조율에 따라 카메라에 담긴다. 관객들은 영상 속으로 시선을 주입시키고 배우들과 함께 뛰며 생각을 입히게 된다.

얀이 스웨덴 국경을 넘어가기 위한 과정은 차마 처절해 볼 수가 없을 지경이다. 몸을 움직이지 못하는 그를 위한 작전이 얀이라는 한 인간을 위해서가 아니라 노르웨이정신을 보여주려는 사람들의 투쟁이 인간승리의 정점을 보여준다. 얀 발스루트를 연기한 배우 토마스 갈라스타드는 노르웨이 뮤지컬스타이며 배우이다. 그는 실제 얀의 탈출과정을 생각하며 뼈만 남았다는 모습을 상상해 16kg을 감량했다고 한다.

주인공을 맡으므로 토마스는 각본의 주 임무를 책임지는 사람으로서 카메라의 풀 샷을 독차지한다고 보면 체중감량의 효과를 톡톡히 보는 입장이다. 하지만 그와 달리 조연들은 노력의 대가가 많이 부족하다. 이슈가 되기도 힘들고 고생한 보람이 주인공에 비해 월등히 낮다. 그럼에도 영화의 조연들은 짧은 단 한 신이어도 어느 한 사람 뒤처지지 않는

열연을 보여주고 있다.

예를 들면, 얀이 총상을 입고 숨어들어 왔을 때, 집 마당에는 독일장교 쿠르트가 병사들을 이끌고 집을 수색하고 있었다. 안개 낀 자작나무숲 속에 비틀거리는 얀을 보고 여동생과 눈을 맞춰 쿠르트일행을 돌려보내는 숨 막히는 순간 마리우스(매즈 소요가드 피터센 분)의 표정은 압권이라 말할 수 있다. 매즈의 연기는 매 신마다 관객의 오금을 저리게 하는 열연이었다.

악랄하고 광기서린 나치의 쿠르트를 맡은 조나단 리스 마이어스도 나쁜 놈 자체였다. 올백으로 치켜세운 머리도 잘 어울렸고 동료의 속삭임에 넘어가 약간의 허당미를 풍기는 것도 자연스러웠다. 조나단은 영화, '어거스트 러쉬'에서 러쉬의 아빠이며 기타리스트로 열연했었는데 어수룩한 순수남으로 관객들의 마음을 사로잡았었다. 이들의 연기를 보면 감독이 얼마나 적절한 캐스팅을 하는지 알 수 있다.

히틀러의 전쟁광기가 어떤 참혹한 일을 벌였는지는 수많은 영화에서 보아왔다. 매번 흥분되고 분노가 차오른다. 생각하기 싫지만 기억해야 할 역사다.

영화는 기존의 할리우드형 블록버스트가 대세를 이룬다. 하지만 그렇지 않은 영화들 중에도 상당히 수준 높은 작품들이 많다. 감독들의 연출 기법에 따라 다르고 시나리오각본에 따라 제작수준이 달라지는 현상들이 그렇다. 특히 배우들의 열연은 영상을 보는 관객들의 시선을 얼마나 집중시킬 수 있는 지가 관건이다. 관객들은 취향에 따라 작품을 선정하고 영화의 흥행은 그에 반한다.

감독은 이 영화를 전쟁영화가 아니라 사람의 정신적, 육체적 힘과 인물들의 영화라고 증언하듯 제작의미를 설명했다.

영화, '12번째 솔저'의 실존인물 얀은 병역을 마치고 제2차 세계대전이 일어나자 영국군에서 훈련을 받고 노르웨이 레지스탕스 양성교관을 지냈다. 그는 '마틴 레드작전'을 수행하다 63일 동안 노르웨이에서 스웨덴까지 124km를 폭설과 생명의 위협 속에서 탈출했다. 얀은 수없이 기절하고 다치고 죽어가는 동료들의 처절한 환상에 시달리면서도 국경을 넘기 위한 정신을 놓지 않았다.

주민들은 독일장교 커트의 끈질긴 추격전을 피해가며 이승과 저승의 경계를 넘나드는 얀을 구하고 조국 노르웨이를 위해 싸웠다. 그들 모두가 국가의 영웅들이었다.

얀은 구출되어서 영국으로 돌아가 마지막까지 노르웨이를 위해 레지스탕스 양성교관으로 최선을 다했다. 그는 언제나 만달레인 사람들이 영웅이라 말했다.

얀은 자신을 구하고 노르웨이 정신을 살린 영웅들이 사는 그곳, 만달레인에 묻혔다.

계춘할망 Canola, 2016, 한국

　재개봉을 앞두고 있는 영화들이 많다. 특히 이정향 감독의 '집으로'는 할머니의 사랑이 어떤 신의 영역 같은 느낌을 준다. 할머니의 사랑이 끝이 없다.

　도시에 사는 딸이 아들을 맡기고 간 뒤 꼬마 손자를 돌보게 된 할머니는 말을 하지 못한다. 손자는 처음 본 할머니와 사는 게 싫다. 도시의 삶에서 벗어나 본 적이 없기 때문에 밤마다 화장실도 못가고 투정이 쌓인다. 할머니는 어떤 불만도 없이 손자의 종이 된다. 할머니들의 사랑은 어머니의 사랑이 무르익은 것이니 오죽 깊을까. 영화, 계춘할망의 손녀에 대한 끝없는 사랑도 세상할머니의 모든 압축된 사랑이다.

　영화를 읽어본다.

　혼자 사는 할망 계춘(윤여정 분)은 12년 만에 손녀(김고은 분)를 만났다. 마을사람들은 손녀가 아닐 수 있다며 혜지를 의심하지만 할망은 아랑곳하지 않는다. 아빠는 사고로 죽고 엄마는 도망 가버리자 혼자된 어

린꼬마 혜지는 할망과 함께 살았다.

어느 날, 시장을 갔다 아이를 잃어버리게 된 할망은 절망 속에 살다 고등학생이 된 혜지가 나타나자 하루하루가 꿈만 같다. 잠자는 순간을 제외하고 혜지생각만 하는 계춘할망과 달리 매순간마다 목을 죄어오는 혜지의 하루는 고통스럽다. 과거의 일탈로 인한 남자들의 협박과 딸을 전과자로 만들 생각을 하는 만나고 싶지 않은 아버지의 뻔뻔함으로부터 벗어나고 싶을 뿐이다.

혜지의 행동이 의심스럽던 삼촌(김희원 분)은 유전자검사를 의뢰한다. 계춘할망과 혜지는 남남으로 확인되었다. 그럼에도 할망은 더 이상 아무 말하지 말라며 오로지 혜지만 바라본다. 미술대회가 있던 날, 혜지는 편지와 그림을 남기고 사라진다. 희생하는 할망을 더 이상 속이고 살 수 없었기 때문이다.

감독 창감독의 이 영화는 시나리오가 새로울 것이 전혀 없다. 많은 영화에서 자식을 버리거나 가짜를 알면서 키우거나 아이를 바꿔치기하거나 하는 등의 소재는 수 없이 많다. 예를 들면, 소설가 마크 트웨인의 '왕자와 거지'에서도 닮은 얼굴의 두 소년이 신분을 바꾸어 서로의 인생살이를 경험하며 우여곡절 끝에 해피엔딩했다.

추창민 감독의 영화, '광해, 왕이 된 남자'에서는 주인공인 이병헌이 두 얼굴의 광해로 열연하였는데 그들도 서로 신분을 바꿨다. 둘 사이의 간극은 하늘과 땅이었다.

작가 소현경의 방송드라마 '황금빛 내 인생'을 보면 지안이(신혜선 분)네 가족은 풍족하진 않아도 정이 많고 따뜻한 사람들이다. 우연하게 길에서 울고 있던 여자아이를 발견하고 데려다 자식과 똑같이 키운다. 십여 년이 흐른 뒤 회장 사모님이 딸을 찾겠다며 나타나자 엄마는 순간의 선택으로 자신의 친딸을 보낸다.

재벌가로 들어가 유학도 가고 딸이 하고 싶은 것 다하며 마음껏 꿈을 펼쳐보라는 속셈으로 보내지만 결과는 드라마나 현실이나 범죄가 될 뿐이다. 이처럼 닮은 시나리오가 수없이 많은 것도 불구하고 영화 '계춘 할망'에 마음이 가는 이유는 제주도라는 특징적인 장소에서 느껴지는 현장감과 해녀 계춘의 삶이다.

아들을 저 세상으로 먼저 보내고 며느리는 집나가 버린 상황에서 혼자 힘들게 손녀를 돌봐왔다. 시장을 갔다가 팔찌를 하나 사 끼워 주었고 한눈을 파는 사이 손녀 혜지가 사라졌다. 그리곤 12년이 지난 어떤 날, 훌쩍 자란 손녀라는 아이가 나타났다. 아무런 증거도 없지만 아이의 팔에 끼워 주었던 팔찌를 보고 과거에 있었던 손녀와의 일상을 늘어놓는 것만으로도 믿지 않을 수 없다. 계춘은 어렵게 찾은 손녀의 일거수일투족이 귀엽고 사랑스럽다.

영화의 장면마다 관객의 시선을 잡고 있는 사람이 계춘을 맡은 톱배우 윤여정이다. 그녀는 제주에서 평생을 보내며 해녀로 살아온 할망 그 자체였다. 검은 반점들이 얼굴을 수놓고 손등에도 검은 깨를 뿌린 것처럼 얼룩이 졌다. 바닷바람과 짠내에 뒤섞인 태양의 열 세례를 고스란히 떠안으며 산 세월을 연기하는 것은 쉽지 않다.

돌담 위에 늘어놓은 고사리나물을 뒤적이며 손녀 혜지와 알콩달콩 선크림을 바르며 나누는 둘만의 평화가 영화의 가장 아름다운 신이다.

어디에서 구입한 건지 분홍색의 스웨터는 할망이라는 순수한 계춘의 모습을 더욱 아련하게 만든다. 늙은 해녀의 한을 그렇게 잘 표현해 낼 수 있는 배우는 많지 않다. 그녀의 연기는 다른 영화에서 보듯이 윤여정 연기가 바로 이것이다, 라는 것을 보여준다.

임상수 감독의 영화, '하녀'에서 대저택의 총괄집사이며 야릇한 카리스마를 품은 하녀 병식을 연기한 윤여정은 의미심장한 눈길 하나로 영상을 압도한다.

새로 온 하녀 은이 역의 전도연을 능가하는 그의 연기는 도전적이었다. 그처럼 '계춘할망'에서도 그녀의 연기는 배우가 아닌 듯 타의 추종을 불허한다. 어떤 역할에서든 믿고 보는 배우로 꼽을 수 있다.

손녀를 연기한 김고은의 열연도 꽤 무게감이 있어 보인다. 손녀가 아님을 스스로 알면서 가짜 혜지를 표현해내야 하는 무언의 고통들은 연기하기가 역시 쉽지 않다. 하지만 김고은은 다양한 내면을 표출해 내는 데 성공한다. 친아버지의 비정한 부탁으로 할망의 통장을 훔쳐내는 것이라든가, 어두웠던 시절의 남자들로부터 돈을 뜯기는 신, 친손녀처럼 아무런 의심 없이 주변의 색안경에도 자신을 믿어주는 할망의 사랑을 배신해야 하는 심오한 갈등들을 가슴 짜릿하게 보여준다.

유전자 검사 결과에서 친손녀가 아니라는 석호의 말을 듣고도 도리어 화를 내며 그런 것은 필요 없다고 손사래 치는 할망의 심리적 표현은 영화의 밀도를 높여준다.

사실, 친손녀가 아니란 것을 이미 알고 있었다. 영화의 엔딩부분에서 계춘할망이 죽기 전에 직접 녹음해 두었기 때문이다. 그녀는 혜지가 사라지자 어릴 때 잃어버린 환상에 시달리며 시장통을 헤맨다. 결국, 치매를 잃게 되고 혜지는 할망을 찾아 마음의 빚을 갚기로 하고 나지막한 돌담의 초가집으로 들어간다. 관객들의 마음이 짠해지는 순간이다.

영화에서 할망이 손녀를 잃어버렸지만 사실은 친모가 딸을 말없이 데리고 간 것이다. 상대 남자가 혜지의 친아빠였고 불의의 사고로 진짜 혜지와 엄마가 죽었다.

아빠는 보험금을 타내기 위해 진짜와 가짜를 바꾼다. 가짜를 진짜로 만들어 계춘할망의 집으로 들여보낸 것이다. 아무런 흥미를 끌지 못했을 법한 영상은 그녀 윤여정이 있기에 가능한 일이었다.

정지우 감독의 '은교'에서도 철없는 여고생을 맡았던 김고은은 '계춘할망'에서도 여고생을 맡았다. 세월의 차이가 있음에도 불구하고 애교 많고 맑은 얼굴의 순수함이 그대로 묻어 있다. 계춘의 윤여정이나 혜지의 김고은을 보면 그들의 자연스런 연출이 아니었다면 관객들의 허무함은 보상받을 길이 없었다. 천만다행이란 말이 나온다.

창감독은 제작노트에서 할머니와 손녀의 이야기를 통해 자신의 어머니에 대한 이야기를 담아내고자 작품을 완성했다고 말한다.

윤여정 또한 시나리오를 본 뒤 자신의 할머니를 생각하는 마음으로 촬영했다는 전언이다.

영화를 본 관객들도 마찬가지다. 어떤 영화를 선택하던 자신에게 위안이 되고 조금이라도 해피하거나 평온해지기 위해 상영관을 찾는다.

그렇지 않다면 실컷 눈물이라도 쏟게 만들어주든가 해야 지불한 대가에 원망이 없다.

영화, 계춘할망은 자칫 관객의 언성을 살 수 있었다. 폭우가 쏟아지면 둑이 무너진다. 그런 위험을 배우 윤여정이 막아주었다.

미 비 포 유 me before you, 2016, 미국

남들처럼 살고 싶다. 흔히들 말하는 보통의 단어지만 자신의 기준에서 남들처럼 산다는 건 쉽지가 않다. 어떤 사람에겐 뼈아픈 말일 수 있고 또 어떤 이에겐 콧방귀나 나올 말이 될 수도 있다. 드러나 있지 않은 세상의 그늘 밖에 사는 많은 사람이, 내 손으로 밥을 먹고 내 몸을 닦고 내 다리로 걸을 수 있고 사랑하는 연인을 마음껏 안아줄 수 있는 꿈을 꾸며 절망 속에 산다.

죽고 싶어도 스스로 죽을 수도 없는 불안한 미래를 살아내야 하는 건 끔찍한 일이다. 그래도 살고 싶은 쪽이 우세하지만 특별히 폼생폼사하며 사회의 1%였던 시절을 생각하면 죽는 게 낫다는 자존심이 생명보다 큰 사람도 있다. 자살을 선택하는 이유다.

우리들은 그들을 전신마비 환자라 통칭하며 동정어린 시선을 궁금증이란 속내를 포장해 바라본다. 정작 그 시선은 독화살처럼 날아가 움직이지 못하는 타인의 마음에 꽂힌다. 화살을 빼내 긴 시간 치료를 하고

이겨낸다 해도 남들처럼 산다는 것은 언어도단일 뿐이다.

감독 올리비에르 나카체와 에릭 토레다노가 공동 작업한 영화, '언터처블:1%의 우정'은 실화를 극화한 작품이다. 주인공 필립(프랑수아 클루제 분)은 백만장자이며 매력적인 사람이다. 그는 패러글라이딩을 하다 사고를 당해 전신마비가 되어 옴짝달싹하지 못한다.

리즈시절을 생각하면 울화가 치밀어 견딜 수 없는 필립은 살고 싶지 않다. 여러 간병인들이 교체되고 운명처럼 다가온 드리스(오마 사이 분)와의 만남은 그의 일상을 바꿔놓는다.

영화, '미 비포 유' 역시 흠잡을 데 없는 엘리트 윌(샘 클라플린 분)이

오토바이사고를 당하면서 전신마비가 된다. 재산은 아름다운 고성을 소유하고 있는 백만장자의 아들이다. 남부러울 게 하나 없던 그가 손가락하나 움직일 수 없는 상황이 되자 삶의 끈을 놓으려 한다. 인생이란 모두가 닮은 듯 다른 길을 가고 있다.

영화를 읽어본다.

그다지 많은 빵을 사지 않아도 할머니들에게 손녀처럼 다정한 루이자(에밀리아 클라크 분)는 일하던 카페가 문을 닫으면서 갑자기 백수가 된다. 엄마, 아빠는 당장 직장을 구하지 않으면 먹고 살 수 없다며 루이자를 닦달한다. 구직 소에서 간병인 자리를 추천받은 루이자는 자신이 담당해야 하는 사람이 까칠하고 재수 없는 말투의 전신마비 환자 윌(샘 클라플린 분)임을 알고 당혹스러워 한다. 그만 두고 싶지만 가족을 위해 자신의 생각은 접는다.

남자 간호사가 힘든 일은 해결하고 자신은 차를 끓이고 윌의 기분을 좋게 하는 일이다.

감독 테마 샤록은 조조 모예스의 소설, '미 비포 유'를 원작으로 각본을 썼다. 범세계적으로 인류의 가장 핫이슈가 되고 있는 존엄사에 대한 포문을 열고 논객들과 한바탕하겠다는 의도처럼 보인다. 영화를 보는 관객들은 다양한 논쟁을 시작했고 의미 없는 영화라는 평도 나왔다.

어떤 영화든 비평은 나뉘게 마련이다. 객관적인 시선으로 각자 의미를 부여해가며 심도 깊은 내공으로 영화를 들여다보는 관객들도 상당 수에 이른다.

이런 현실에 테마 샤록은 사람의 생명존중에 대한 의미와 한 사람에 대한 연민, 사랑, 고통, 절망을 보여주며 잔잔한 슬픔과 희망에 대해 무언의 메시지를 전달하려 한다. 하지만 영화는 보는 내내 언터처블과 겹쳐 필립과 윌에 대해 교차되는 감정이 사그라지지 않아 불편함이 따랐다. 필립은 살아남았고 윌은 떠났다는 의미로는 그다지 다름을 느낄 수 없다. 다만, 촬영감독 레미 아데파라신의 카메라렌즈는 각본의 연출 그 이상으로 관객의 눈을 즐겁게 해준다.

루이자 역의 에밀리아 클라크의 청순한 얼굴과 윌을 향한 연민, 사랑, 안쓰러움의 표현은 가히 압도적인 열연이었다. 그녀의 울음은 관객의 마음마저 흔든다.

감독은 닮은 듯 다른 연출이 필요했다. 언터처블의 드리스는 밝고 활기차게 자신의 의지대로 필립을 끌고 가는데 무리가 없다. 하지만 루이자는 윌의 까다로운 성격에 속앓이를 많이 한다. 윌은 차츰 자신을 내려놓은 것처럼 행동했지만 속내는 아니었던가 보다. 몇 개월이 걸렸지만 다 내려놓지 못했다.

항상 미소를 잃지 않는 루이자의 상황은 스펙이라고는 전혀 없다. 그렇지만 백수인 엄마와 아빠와 대학 공부를 마치고 싶어 하는 미혼모동

생의 아들까지 돌봐야 하는 힘든 처지다.

물불을 가릴 때가 아니다. 자신이 하고 싶은 패션공부는 저만치 물 건

너가는 듯하다. 이 모든 걸 접고 대저택의 간병인으로 들어가기로 마음

먹는다. 이런 상황은 드리스와 일치한다. 그도 자신이 벌어야 동생과 엄

마를 잘 보살필 수 있다.

처음 만난 윌과 루이자는 서로에게 비호감이었다. 윌은 이미 수많은

간병인을 내친 뒤여서 루이자도 스스로 물러나게 이상한 행동을 보인

다. 마음에 들지 않았지만 노력 중인 루이자는 우연히 윌의 부모님이 나

누는 대화를 듣게 된다.

윌은 사고 후, 6개월 동안 살아보고 그 상태에서 자신이 살아낼 수 있

을지, 죽을지를 결정하겠다는 말을 부모에게 해두었었다. 그날이 다 흘러 윌은 죽겠다는 결심을 내렸다. 루이자는 6개월 간 그의 마음을 돌릴 수 있도록 생명의 의미를 되찾게 해주거나 죽기 전에 조금이나마 현실의 고통을 잊을 수 있게 환경을 조성해주는 간병도우미로 취직된 걸 알게 된다.

연인과의 이별도 감수하고 루이자는 윌의 마음을 돌릴 수 있게 버킷리스트를 만든다. 차츰 마음의 문을 연 윌도 루이자를 사랑하게 된다. 삶에 대한 애착도 생기는 듯했다.

언터처블의 필립도 의욕을 상실했지만 드리스의 노력에 함께 일어나기로 한다. 드리스가 애쓴 만큼 필립도 생애 대한 애착을 찾아가는데 윌은 같은 경우이지만 루이자의 노력을 허망하게 만든다. 그런 이유는 그가 엘리트였던 과거를 내려놓지 못한 결과이다.

'종잇장도 맞들면 낫다.'라는 말처럼 루이자는 아무리 윌의 마음을 돌리려 해도 혼자서는 결코 해낼 수 없었다. 그는 결심을 굳히고 스위스로 가길 원한다.

감독 테마 샤록은 시나리오에서 관객에게 어떤 결말을 보여줄 것인지 고민했다. 물론, 재미를 따를 것인지 희망을 줄 것인지에 대해 많은 생각을 했을 게 분명하다. 결국, 윌은 조력자살을 선택한다. 그는 마음을 비우지 못했고 이겨나갈 의지도 없었다. 살다보면 죽는 것보다 사는 게 힘든 사람도 많이 있다.

영화, '달라스 바이어스 클럽'을 보면 전기기술자인 론(매튜 맥커너히 분)은 우연히 자신이 에이즈에 걸린 걸 알게 된다. 동성애자도 아닌데 남은 생이 3개월이라니 기가 막힌다. 치료제가 없는 것도 화가 나 죽을 지경인데 병명자체가 자존심 상해 미칠 것 같다. 통증의 고통에 쓰러져 응급실에 실려 가기를 반복한다. 자살이 정말 낫겠다는 생각이 들 정도였지만 마음을 바꾼다. 단 하루도 허투루 보내지 않고 남들처럼 살기를 소망하다 의사가 정한 날을 훌쩍 넘어 7년을 더 살다 갔다. 이 작품도 실화다.

그렇다면 윌은 어떤가. 명석한 두뇌가 있고 배경이 든든한 부모가 뒷바라지를 해준다. 살아주길 애원하는 루이자도 있다. 감독이 기어코 그를 자살로 몰아간 것은 해피엔딩만 요구하는 관객이 줄어들었기 때문이다. 영화 팬을 위해 메시지를 남겨야 하는 어려움이 따른다.

과학이 아무리 발달한다 해도 인체의 신비는 모두 다스리지 못한다. 때문에 편안히 눈을 감을 수 있는 자유도 주어져야 한다는 여론이 세계적인 이슈가 되었다.

감독은 영화 속 윌을 통해 관객에게 존엄사에 관한 난상토론을 제시하고 있다.

더 페이버릿 : 여왕의 여자 The FAVOURITE, 2018, 미국

권력이란 깊고도 어두운 터널과도 같다. 시대를 막론하고 치열한 다툼 속에 권력을 갖기 위해 별별 수단과 방법을 동원하게 된다. 파트리스 쉐로 감독의 영화, '여왕 마고'는 왕권을 둘러싼 종교전쟁 영화다. 오빠들이 동생 마고를 성적 노리개로 삼았지만 국민들은 문제 삼지 않는다.

마치 영화 '더 페이버릿'처럼 여왕이 시녀와 놀아나고 시녀가 왕처럼 권력을 휘두르며 정치를 논하도록 내버려 두는 시퀀스가 그렇다.

마고의 모후는 권력을 차지하기 위해 자신의 딸을 희생시키는 것에 대해 서슴지 않는다. 이처럼 권력이란 지독한 병처럼 한번 달라붙으면 놓고 싶은 생각이 없나보다. 두 영화의 스토리는 다르지만 꽤 닮은 곳이 많다. '여왕 마고'처럼 '더 페이버릿'도 화려한 의상이 압도적인 시선몰이를 한다.

영화를 읽어본다.

변덕이 죽 끓듯 하는 성격의 여왕 앤(올리비아 콜맨 분)이 있다. 그녀

곁에는 어릴 적부터 함께 자란 오랜 친구 사라 제닝스(레이첼 와이즈
분)가 그림자처럼 따라다닌다.

여왕은 비만과 바람만 스쳐도 몸서리쳐진다는 통풍으로 매일 통증에
시달리며 산다. 정치는 사라에게 떠맡기고 히스테릭한 날을 보낸다.

여왕을 대신해 사라는 국정 전반에 걸쳐 좌지우지한다. 대신들은 그
녀가 명령하는 대로 결정을 따르고 여왕은 사라인 것 같다. 프랑스와의
전쟁을 앞두고 재정이 바닥난 상황에서 여, 야 대신들은 심각한 상황을
논의 중이다.

귀족출신이었지만 가문이 몰락하면서 인생 밑바닥까지 갔던 애비게
일 힐(엠마 스톤 분)은 왕궁에 있는 유일한 희망인 사촌 사라를 찾아간

다. 어렵게 그녀의 하녀가 된 애비게일은 사라가 휘두르는 권력을 보면서 몰락하기 전의 귀족으로 돌아가기 위한 욕망의 불덩이가 치솟는다.

감독 요르고스 란티모스는 이 한편의 영화만으로 서사극의 정점을 찍고 있다. 18세기의 영국궁정은 실제 귀족사회에서 근대 시민사회로 전환되는 어수선한 시기였다.

작가나 감독들은 역사를 읽고 만약에 그때 이랬다면 세상은 어땠을까 하는 생각들을 해보기도 한다. 앤 여왕의 친구였던 사라 제닝스의 남편이 말보로 경이었고 그는 영국의 군 지휘관이었다. 귀족사회의 일원이었고 꽤 지적인 모양이었다. 외로웠던 앤은 사라와 많은 시간을 보냈다.

영상으로 보는 장면들은 각본가와 란티모스 감독의 연출이 힘을 보태 만들어진 역사에 허구를 담은 포맷이다. 하지만 18세기의 왕궁 침실 안을 들여다 본 사람이 남아있지는 않으니 감독 특유의 미장센에 따라 설마하며 고개가 갸우뚱해지기도 한다.

이 영화가 관객들에게 깊은 울림을 주는 것은 대부분의 영화가 그렇듯 시나리오와 연출력에 가장 걸맞게 캐스팅된 배우들의 연기력이다. 예를 들면, 영화, '왕의 남자'에서 남사당패인 장생(감우성 분)과 공길(이준기 분)이 있다. 이들은 왕의 연회에 불려가 춤추고 노래하며 흥을 띄운다. 이 둘의 연회에 빠져든 연산 왕(정진영 분)은 공길의 매혹적인 모습에 눈이 뒤집혀 사랑하기 이른다. 공길이와 장생의 관계 또한 모호

하다. 장생은 보호자처럼 공길을 다독이고 아끼지만 어느 순간 그는 다른 마음이 생긴다.

이런 장면들은 동성애적 사랑인가 아님, 착한 마음씨를 가진 자들의 동료에 대한 아름다운 사랑인가 하는 구분에 대해서 의견이 분분하다.

결론은 관객들의 마음이 가는 대로 토론하게끔 덫을 놓은 이준익 감독의 고차원적 줄타기다. 이처럼 감독들은 사랑에도 다양한 양념을 치고 여러 갈래를 만든다.

란티모스 감독은 앤 여왕과 사라의 관계에 있어서 동성애적 표현을 적나라하게 펼쳐 놓지만 관객들은 동성애에 대해 별다른 관심을 보이지 않는다. 사라와 앤의 관계는 둘 사이의 계산에 의한 주고받기식이란 걸 이미 파악했기 때문이다. 여왕은 우울하다. 매일 마음도 아프고 통풍에 의한 고통도 짜증난다. 백성들이 자신의 병약함을 아는 것도 원하지 않는다. 권력의 무력함이 드러날까 두려워서다. 그 모든 걸 대신해 주는 사람이 사라다. 그녀는 전쟁터로 나간 강한 남편 말보로 경이 있고 자신은 정치에 상당히 관심이 많은 권력을 추구하는 여인이다. 여왕을 보필하면서 그녀는 점점 더 막강한 권력을 추구하게 된다. 그렇게 되기 위해서는 여왕과 하나가 되어야 하기 때문이다.

앤 여왕과 사라 사이에 또 다른 여인이 끼어든다. 인생의 가장 밑바닥까지 내려갔던 자칭 사라의 사촌이라는 애비게일이다. 한때는 귀족이었지만 현실은 먹고 살기도 버거운 처지다. 그녀는 마지막 희망을 안고 사라를 찾아 궁으로 간다.

권력의 최고 자리에 있던 사라의 시녀로 힘들게 들어간 애비게일은 여왕의 침실에 든 사라를 보게 되고 수단과 방법을 가리지 않고 노력한 끝에 그녀의 자리를 빼앗는다. 즉, 여왕의 내밀한 침실에 들어갔다는 의미다. 여왕이 사라에 대한 질투를 유도한 것이겠지만 어쩐지 여왕의 행위는 소심한 아낙네의 복수처럼 보일 뿐이다.

앤 여왕은 깊은 고뇌에 차있다. 그녀는 열일곱 명의 아이를 잃었다. 남편도 없다. 아이들이 하나 둘 그녀 곁을 떠날 때마다 토끼를 한 마리씩

사들여 외로움을 달랬다. 자신을 가장 오래 알고 가까이서 도와주던 사라는 자의반 타의반 그녀의 침실로 진입할 수밖에 없었다.

'왕의 남자'에선 연산 왕을 원망하면서도 좀 더 그가 비극적인 삶을 살 수 밖에 없었던 사연을 이해해 보려는 의도가 있다. 이준익 감독의 연산을 위한 영화라고 본다면 아무래도 '여왕의 여자'는 앤을 위로하고 그녀의 사생활에 그럴만한 일이 있었음을 수긍시키려는 란티모스와 두 각본가의 합작이 심도 있게 펼쳐졌다.

그럼에도 불구하고 영화의 정점은 관객의 시선에 있다. 영상이 펼쳐짐과 동시에 궁중의 화려함이 극치를 보인다. 벽과 천정마다 세련미 넘치는 중세의 살아 있는 미적 감각이 감탄을 자아내기 충분하다. 어디가 출입문인지 조차 알 수 없게 커다란 융단이 내밀한 방 벽면을 덮고 있다. 영상미가 극에 달하는 장치들을 보면 란티모스 감독이 얼마나 중세 왕궁의 고증에 힘을 썼을까 하는 노력이 보인다.

여왕의 드레스는 입이 떡 벌어진다. 어깨에 들어있는 명칭이 뭔지 모르겠지만 하여튼 거대한 뽕은 당시의 권력구도를 암시하고 있다. 화려하고 아름다운 드레스에 긴 망토를 끌며 의회장으로 걸어가는 여왕의 아우라가 역시 보통은 아니다. 근엄함과 동시에 지적이며 우울함도 표현되어야 하고 덧보태 누구도 흉내 낼 수 없는 의상자체에 당당함이 묻어나야 한다.

수많은 상을 수상한 의상감독 샌디 파웰의 자신감 넘치는 실력이 또한 번 과시되는 순간이었다.

영화인들을 위한 축제의 자리엔 언제나 최고의 디자이너들이 함께한다. 치열한 솜씨자랑이 말없이 레드카펫을 수놓는다. 배우들의 화려한 등장은 디자이너들의 숨은 공로이기도 하고 그들만의 개선문이 되기도하는 일이다.

유럽의 중세시대를 샌디 파웰이 맡고 있다면 한국 사극엔 조상경 디자이너가 있다. 영화 '상의원'에서는 한복 제작만 해도 천 여벌이 제작되었다고 한다. '상의원'에서도 영화가 끝나고 관객들과의 대화를 보면 대부분의 기억이 화려한 진연복의 비주얼로 각인되어 있었다.

이 영화, '더 페이버릿: 여왕의 여자'에서도 여왕의 거대하고 숭고함마저 느껴지는 의상이 관객의 마음을 압도하고 모든 스토리를 의상 속에 압축시켜버린다. 감독의 메시지가 의상 속에 묻힌다.

영화에서는 또 다른 생경미를 선사하는데 바로 음악이 아닌 음향이다. 여왕의 마음이 불안해질 때마다 심장소리처럼 퉁퉁거리는 음향은 관객의 심장마저 함께 뛰게 만드는 묘한 능력을 보인다. 음향감독 쟈니 번의 특수한 소리감각이 영화와 잘 어우러진 덕분이다.

찰리와 초콜릿공장Charlie And The Chocolate Factory, 2005, 미국·영국

  방송에서 혼자 사는 연예인들의 삶을 보여주는 프로가 있다. 때론 즐겁기도 하고 자유는 덤이다. 외로움을 느끼는 출연자는 없다. 가끔 친구나 지인들을 불러서 예능다운 볼거리를 제공하기 위한 나름의 각본을 연출하며 시청자들에게 웃음을 선사한다.

  시청자 입장에선 저렇게 혼자 살면서 편하게 사는 것도 꽤 괜찮은 인생이 될 것 같다. 하지만 그들이 보여주는 영상이 전부가 아니다. 그들의 곁에는 지인이나 친구 또는 가족이 손만 내밀면 달려와 주고 함께 먹어주고 놀아준다. 삶에 있어 중요한 외로움이 빠져있다.

  사실, 외로움은 상당히 무서운 단어다. 고독사란 이름을 가진 범인이기도 하다. 그래서 사람은 둘이어야 한다는 '人'이다.

  감독 팀 버튼의 영화, '가위손'은 세상에서 가장 견디기 힘든 게 외로움이라고 말한다. 주인공인 인조인간 에드워드(조니 뎁 분)는 백조의 성을 닮은 위용이 대단한 고성에서 탄생되었다. 그를 만든 사람은 성의 주인인 과학자 빈센트 박사였다.

성에서 혼자 살던 박사는 노년이 되자 외로움이 극에 달해 생각해 낸 것이 인조인간이었다. 외로움은 인조인간에게도 고통을 준다는 마지막 영상에서 관객에게 전달되는 메시지가 크게 다가온다. 그림 같은 판타지의 세계가 무게감을 더한다.

영화, '찰리와 초콜릿공장'은 '가위손'과 매우 닮았다. 두 작품의 주인공 역시 조니 뎁으로 캐스팅되었다. 에드워드의 상처 난 마음과 윌리웡카의 소년에서 멈춘 기억들이 하나로 엮인다.

감독은 천진하고 선한 시선과 귀엽게 얄미운 이중적인 성격을 가장 잘 소화해 낼 수 있을 배우로 조니 뎁을 선택했다. 그는 판타지에 가장

잘 어울리는 배우이기도하다.

영화를 읽어본다.

잠자리에 누워서 하늘이 보이는 정도의 아주 초라한 집이 있다. 찰리(프레디 하이모어 분)네 집이다. 엄마(헬레나 본햄 카터 분)와 아빠(노아 테일러 분), 친할머니 할아버지, 외할머니 할아버지가 함께 거주한다. 나무로 얼기설기 엮인 집이지만 가족들은 서로 아끼고 초콜릿 한 점도 나눠 먹는 사랑이 넘치는 사람들이다.

길 건너에는 세계 최고의 월리윙카초콜릿공장의 굴뚝이 높이 솟아있다. 하지만 아무도 그 속을 들어가 보지 않았다. 공장을 들락거리는 사람은 단 한사람도 보이지 않는 철저히 비밀스런 공장이다. 사람들은 그런 공장을 무척 궁금해 하며 별의 별 소문을 재생산해냈다.

그런 와중에 월리윙카초콜릿공장에서 대 이벤트를 공개했다. 초콜릿에 행운의 황금티켓을 숨겨 놓았는데 티켓을 찾은 어린이에게 부모 한 사람과 함께 공장견학을 시켜주는 행운을 준다는 것이다. 더불어 다섯 명의 어린이 중 서바이벌 게임에서 살아남는 마지막 한명에겐 어마어마한 행운을 준다는 가슴 뛰는 소식도 들렸다.

수를 헤아릴 수 없이 많은 초콜릿이 매장에 전시되어 있지만 어떤 곳에서 황금티켓이 나올지 아무도 모를 일이다. 다섯 개가 전부다. 각국의 아이들과 부모들은 전투하듯 황금티켓을 찾으려 혈안이 된다. 대박의

로또를 꿈꾸는 사람들이 초콜릿에 집중했다.

감독 팀 버튼의 마음속엔 언제까지 어린 소년의 판타지세계가 남아 있을지 궁금해진다. 그는 어른들에게도 동화 같은 판타지를 꿈꾸는 마음이 있다고 믿는다. 아이가 어른이 되고 닮은 길을 가는 게 우리들 인간세계이니 부인할 수 없다.

영화에서 감독은 자라온 배경이라든가 성향이 전혀 다른 환경에서 성장한 다섯 아이들을 통해 사람들이 살아가면서 가져야할 것들과 버려야할 것들을 웃음과 진한 감동으로 관객들에게 전달하고자 한다.

주인공인 윌리윙카(조니 뎁 분)는 초콜릿공장의 대표이다. 그는 어릴 때 독선적이고 강압적인 치과의사였던 아빠와의 불화로 집을 떠났다. 어떻게 성장했는지 모르겠지만 그는 세계적인 초콜릿공장의 주인이 되어 많은 사람들의 부러움을 받는다.

윌리윙카의 행운을 잡은 아이들을 보면 우선, 바이올렛(안나 소피아 롭 분)은 세계껌씹기대회 우승자로 무슨 일이든 경쟁이 붙으면 물불을 가리지 않는다. 마이크(조던 프라이 분)는 게임중독자로 자신의 머리가 가장 좋다고 생각해 남의 의견은 귀를 닫아버린다. 아우구스투스(필립 비그리츠 분)는 초콜릿이라면 사족을 못 쓰는 아이다. 자신이 원하면 뭐든지 부모가 다 해결해 준다고 믿는 비루카(줄리아 윈터 분)는 일이 생기면 무조건 악을 쓰며 아빠를 부른다.

128

마지막 소년 찰리는 눈 속에 묻힌 돈을 주워 초콜릿을 구입한다. 확인하는 순간 마지막 황금티켓이 들어 있다.

월리웡카는 이 아이들과 서바이벌게임을 시작하고 아이들은 그가 파놓은 시험대에서 제각각의 성향을 보여주며 하나씩 탈락하고 만다.

여기에서 영화는 판타지를 보여주지만 아이들이 월리웡카의 판타지에 넘어가게끔 유혹의 블랙홀이 나타날 때마다 영상의 색감들이 꽤 매혹적이다.

감독은 관객들에게 아이들을 하나씩 낙오시킬 때마다 경고하듯 동심을 파괴하기도 한다. 아우구스투스가 초콜릿의 덩어리로 변할 땐 욕심을 버리라 말하고 마이크를 탈락시킬 땐 지나치게 잘난 척은 재앙이 될 수도 있음을 의미한다.

어찌 보면 아이들의 이런 습관들도 어른들의 책임이 무한하다는 것을 윌리윙카를 통해 전하고 있다. 윙카는 자신의 공장에 다섯 아이들을 초대할 때 부모 한 사람씩 동행을 허가했다. 그것은 아이들이 어떤 행동을 취하는 순간 부모도 함께 감당해야 하며 어려운 환경에 처할 수 있다는 메시지를 보면 교육적이기도 하다.

거대한 공장을 둘러보며 감탄을 거듭한 찰리는 실수 없이 혼자 살아남는다. 윙카는 일등의 행운은 찰리에게 주겠다고 한다. 대신 부모도 친구도 모두 버리고 자신과 같이 오로지 초콜릿공장에만 전념해야 한다는 조건을 붙인다. 찰리는 단번에 거절한다.

꿈에 그리던 환상의 일이 벌어졌지만 가족을 우선하는 찰리의 결단은 윌리윙카도 고독한 삶에서 벗어날 수 있는 또 다른 행운을 안게 된다.

감독 팀 버튼은 판타지를 통해 아이들의 성장에 대한 부모의 과보호도 문제의식을 토로하지만 우리가 살아가야 할 의미는 가족에 있고 가장 두려운 것은 외로운 인생이 되어서는 안 된다는 것이다. 아무리 부유한 삶이고 달콤한 초콜릿 같은 인생이라 한들 혼자라면 무용지물과 같음을 웃음과 해학으로 풀어낸 고수의 작품이 아닐까 싶다.

어찌됐건 엔딩 크레딧이 올라가도 영화의 잊혀 지지 않는 부분은 따로 있다. 초콜릿을 만들고 아이들을 혼내고 어른들을 긴장시키며 때론 음악에 맞춰 춤을 추는 윙카의 최고 조력자는 움파룸파(딥 로이 분)족이다. 이들의 모든 장면들은 딥 로이 혼자서 몇 개월간의 동작지도를 받으며 각각의 개인기를 수없이 연습했다고 한다. 모형 인형에 그의 얼굴을 캡처해 수백 명의 움파룸파족이 탄생된 것도 딥 로이의 노력덕분이다.

장애를 안고 있으면서 영화배우의 길을 꾸준히 걸어온 딥 로이의 인생은 파란만장했지만 결코 헛되지 않았다. 많은 영화에서 중요한 역할이든 단 한 컷의 장면이든 최선을 다한 그에게 감독들은 기억하고 인정해준다.

폴 페이크 감독의 영화, '부탁 하나만 들어줘'에서 주인공인 에밀리는 스테파니에게 '암보다 무서운 건 외로움이다.'라고 말하는 대사가 있다. 그 말이 실감나는 영화, '찰리와 초콜릿공장'은 가족이 함께 동화 속으로 빠져볼 시간이다. 감독 팀 버튼은 어떤 꿈을 꾸고 어떤 상상을 그려 영상으로 옮길까 다음 영화가 기대를 모은다.

헌터 킬러 hunter killer, 2018, 미국

신들도 대지와 사랑과 권력을 차지하기 위해 전쟁을 벌였다. 사람들은 신들을 따라간다. 인간이란 존재가 탄생되면서 욕망이란 것도 함께 싹튼다. 전쟁이란 아무래도 인류와 영원할 건 아닌지 불안스럽다. 이런 이유들을 영화감독들과 작가들이 놓치지 않고 영상으로 옮긴다.

미국의 전쟁영화들은 그들의 조국과 민족에 대한 진한 의무감이 빠지지 않고 등장한다. 더불어 미국대통령도 수시로 납치되는 시나리오는 관객들에게 대통령의 힘을 보여주려는 의도다.

볼프강 피터젠 감독의 영화, '에어포스 원'에 탄 미국대통령은 지나치게 용맹스럽고 지략이 뛰어나 흡사 특수부대 요원처럼 보인다. 이처럼 다양한 영화에서 전쟁을 일으키고 정의의 사도처럼 특수요원들은 적국에 투입되고 자국의 국민들은 어떻게 하든 구해낸다. 실제 그런 보이지 않는 전쟁을 치르기도 한다.

영화, '헌터킬러'는 자칫 미국과 러시아의 대형 전쟁이 일어날 수도

있다는 순간과 절대 전쟁은 막아야한다는 양국 리더들의 생각을 영상
으로 옮긴 것이다.

영화를 읽어본다.

러시아잠수함 코네크호를 미국잠수함 탐파베이호가 거리를 두고 감
시 중이었다. 그런 도중에 코네크호에서 폭발이 일어난다. 지켜보던 탐
파베이 승조원들은 사람의 목숨이 중요하다며 구조를 하려한다. 이때,
어디선가 어뢰가 날아와 탐파베이마저 폭파시킨다.

미국무부 펜타곤에선 이를 지켜보며 지휘하던 합참의장 찰스(게리 올
드만 분)와 제독 존(커먼 분)은 헌터킬러 아칸소함을 러시아 해역으로

급파한다. 미국무성 합참의장인 찰스는 사관학교 출신이 아닌 캡틴 글래스(제라드 버틀러 분)를 아칸소함장으로 명한다. 현장경험이 많은 글래스는 함선에 올라 우선적으로 승조원들의 마음을 안정시키고 자신을 믿고 따라와 줄 것을 요구하며 믿음을 보인다. 또한 육로 정탐을 위해 네이비실 특수대원을 러시아로 잠입시키고 그들은 맡은 임무를 완벽하게 처리한다.

이 영화는 잠수함을 통해 미국과 러시아의 관계도를 잘 보여주고 있다. 서로가 미행하고 죽이지 못해 안달하면서 전쟁을 막으려는 노력도 필사적이다. 캡틴 글래스는 코네크호에서 내부 폭발임을 알아내고 러시아 자체에서 어떤 음모가 있음을 감지한다. 글래스는 폭발한 코네크호에서 신음소리가 들리는 것을 알고 그들을 구하려 대원들을 보낸다. 캡틴은 미국의 정신을 보여준다. 비록, 적군이어도 그런 상황에서는 구조의 원칙을 지켜야 한다는 생명의 소중함을 의미하고 있다.

함장과 몇 명의 대원을 구출하는데 어렵게 성공한다. 목숨을 구한 러시아 함장 안드로포프(미카엘 니크 비스트 분)는 미국 잠수함이 자신들을 폭파시켰다는 오해를 하지만 폭발사진을 보고 본부에서 벌인 일이라는 것을 알고 경악한다. 본국의 국방장관이 반란을 일으켰다는 소식에 분노하며 그는 헌터킬러가 러시아 해역을 무사히 빠져나갈 수 있도록 글래스 함장과 함께 힘을 보탠다. 아무래도 이런 장면들은 상당히 비

현실적인 사건 같지만 실제 위기에 처한 순간의 선택은 서로가 어쩔 수 없이 협조를 할 수밖에 없기 때문이다.

미국은 잠수함이 러시아해역에 숨어들었다. 이 부분은 러시아 정부가 포착했을 경우 전쟁이라도 치를 만큼 큰 죄에 해당한다. 러시아함장은 미국 팀이 자신들의 목숨을 구해주었고 당장이라도 그들의 도움이 절실하기 때문에 공조하지 않을 수 없다.

바다 속에서는 헌터킬러를 폭파시키려는 또 다른 함선이 반란군의 리더 러시아 국방장관 듀로프(미카일 고레보이 분)에 의해 조종되고 있었다. 그의 곁에는 러시아 대통령 자카린(알렉산드르 디아첸코 분)도 반란의 기미를 모른 채, 현장 상황파악을 하려던 직전 듀로프에게 체포된다. 러시아의 상황은 대통령이 어떻게 되었는지 국내에서는 알지 못했지만 글래스와 안드로포프 그리고 미 국무성만이 급박하게 현장을 지휘하고 있었다.

위기에 처한 캡틴 글래스는 어뢰를 쏘아 보낼 함선의 승조원들을 교육시킨 러시아 함장에게 그들은 현재의 상황을 모르니 설명해줄 것을 부탁한다. 그들은 자신들의 캡틴이었던 함장 안드로포프의 말을 따라준다. 덕분에 헌터킬러는 무사했고 어뢰밭을 간신히 빠져나간다.

이런 장면을 보면서 많은 관객들은 사실이라면 저렇게 어뢰밭을 빠져나갈 수 있었을까 라는 의문을 가졌다. 그래서 영화는 실사가 아니면 그

냥 영화라는 생각을 가지는 게 편하다.

어쨌거나, 러시아의 거대한 전함이 쏘아 보낸 미사일에 또 한 번 죽을 고비를 맞은 헌터킬러는 승조원들이 저들과 같이 미사일을 쏴야 한다며 캡틴에게 독촉한다. 캡틴 글래스는 미사일이 헌터킬러의 머리 위로 도달할 때까지 부하들에게 움직이지 말고 기다리라 명하고 안드로포프와 숨죽여 운명에 맡긴다. 글래스의 생각대로 미사일은 지상에 있던 또 다른 전함이 안드로포프의 부하들에 의해 기관포로 맞받아 폭파시킨다. 캡틴의 냉철하고 진중한 판단덕분에 러시아와 미국의 전쟁은 막을 수 있었다.

관객 모두가 영상을 보면서 안심했다는 안도의 숨을 쉬면서도 과연

기관포 같은 걸로 미사일을 폭파시킬 수 있을까라는 의문을 가질 수 있다. 어쩌면 감독의 코미디적인 감각이 이런 영상을 만들지 않았을까 생각해 보았다.

그런데 자료를 찾아보니 놀랍게도 미사일을 폭파할 수 있는 기관포라는 무기가 있었다. 미사일이 쏘아졌을 때 마지막까지 기다렸다가 디펜스단계로 사용하는 근접 방어시스템인 골키퍼Goal Keeper 기관포시스템이 있다는 사실이다. 대한민국의 용맹스런 해군 함정에서도 이 무기를 장착하고 있다고 한다. 감독은 이와 같은 사실을 인용한 것이다.

바다에는 헌터킬러에 탄 캡틴과 여러 승조원들이 맡은 임무를 목숨 걸고 수행함으로써 승리를 이끌었다. 육지에서는 '우리랑 붙으려면 신을 이기고 오라.'는 네이비실 대원들의 투혼으로 러시아 국방부를 정찰하러갔다가 우연히 군부의 반란을 보게 된다.

반란군 대장인 러시아국방장관 듀로프는 대통령 자카린과 그의 수행비서들을 잡아 건물 밖으로 끌어낸다. 듀로프는 보란 듯이 수행비서들을 쏴죽이고 대통령은 다시 건물 안으로 끌려간다. 특수대원들은 펜타곤으로 무전을 보내고 대통령을 구하라는 명령을 받는다.

여기에서 듀로프는 왜 건물 밖에서 그들을 사살하고 다시 건물 안으로 끌고 가는지 시나리오의 어색함을 지울 수 없다. 듀로프의 미카엘 고레보이 연기도 그다지 감각적이지 않아 보인다. 시나리오의 플롯이 부족하면 배우들의 열연이 영화를 살릴 수도 있다. 하지만 최고의 연기파 게리 올드먼은 그다지 하는 게 없다. 그의 연기력을 제대로 볼 수 없다는 게 매우 아쉬운 점이다.

헌터킬러가 지뢰밭을 통과할 때의 순간, 캡틴인 제라드 버틀러는 액션을 사용하지 않고도 얼굴표정으로 불안과 위기감을 관객에게 전달한다. 러시아함장인 미카일 고레보이 역시 그의 얼굴에서 냉철함과 VIP 납치사건의 절망감을 연출해 내는 열연이 사실적으로 와 닿는다.

반면에 납치된 대통령은 무능하기 짝이 없다. 그가 할 수 있는 게 아무것도 없다. 미국 특수부대원들의 도움으로 전쟁도 피하고 자신도 살게 되었지만 답답한 연기가 실망스럽다. 감독이 의도적 연출로 맥없는 대통령으로 만들기 위해서였는지는 모르겠다.

프로듀스 토비자페는 제작 의도를 설명하면서 업그레이드된 잠수함과 액션을 볼 수 있다고 말했다. 영상으로 보이는 잠수함은 관객들에게 신선함을 선보인 건 사실이다. 함정 내부가 잘 표현되어 가슴이 울렁거릴 만하다. 네이비실 대원들의 활약과 러시아군인들의 상사에 대한 의리, 복종 등도 볼만한 영상이다.

그럼에도 불구하고 잠수함영화의 클리셰들을 리바이벌한다는 평가도 나왔다. 영화는 4천만 달러의 제작비를 투입했지만 흥행은 실패했다.

완벽한 타인 Intimate Strangers, 2018, 한국

부부간의 신의는 제각각 생각의 차이에 따라 다르다. 만나서 마지막까지 서로를 아끼고 지키며 비밀이란 애초에 존재하는 것조차 있을 수 없다는 사람들도 때론 있기도 하다.

구십이 넘은 할아버지와 구십이 다 된 할머니는 생의 끝자락에 서 있는 부부다. 두 사람은 그럼에도 불구하고 사랑이 넘친다. 핑크색이 잘 어울리는 노부부는 커플로 한복을 입고 봄에는 꽃과 더불어 노래하고 겨울에는 눈사람을 만들며 사랑을 녹인다. 다큐멘터리영화, '님아, 그 강을 건너지 마오'의 조병만 할아버지와 강계열 할머니는 부부간의 온전한 모습의 삶을 관객들에게 선사한다. 바로 완벽한 부부였다.

조 라이트 감독의 영화, '안나, 카레니나'는 완벽한 타인의 최상위 시나리오라고 할 수 있다. 상류사회의 안나 카레니나(키이라 나이틀리 분)는 지성과 이성을 겸비한 남편 알렉시아 카레닌(주드 로 분)과 어린 아들과 함께 부러울 것 없는 삶을 산다.

자유분방한 안나는 지나치게 지적인 남편에게 회의를 느끼며 자신이 소외된 것 같은 생각에 점점 우울해진다. 그녀는 친정으로 가던 열차에서 운명처럼 젊은 장교 브론스키에게 첫눈에 반한다. 끝내 불행으로 막을 내리고 남편과의 관계는 영원한 타인으로 남는다.

이재규 감독의 이 영화, '완벽한 타인'은 조병만 할아버지와 강 할머니처럼 서로에게 신의를 지키며 사랑을 나누는 부부의 스토리가 아니다. 장면마다 겉과 속이 다른 사람들은 시간이 지나면서 서로가 이해하고 공감하는 해결책을 제시하려 한다. 연극 속의 한 장면을 옮겨 놓은 것 같은 영상은 손에 닿을 듯하다.

영화를 읽어본다.

성형외과 의사인 석호(조진웅 분)는 30년 지기 친구들을 초대해 집들이를 한다. 아내를 동반한 친구들이 하나 둘 들어오고 분위기는 환해진다. 태수(유해진 분)의 아내 수현(염정아 분)은 집안 이곳저곳을 기웃거리며 감탄사를 연발한다. 석호 아내 예진(김지수 분)은 수현을 따라다니며 수입산이라며 자랑을 아끼지 않는다. 넓은 식탁에 부부는 짝을 이뤄 자리를 잡고 이런저런 하루의 일상들을 늘어놓는다. 집들이에 참석하기 직전까지 서로가 으르렁대던 태수 부부도 소름 돋을 만큼 애정을 남발하는 준모(이서진 분)와 세경(송하윤 분)도 홀로 참석한 영배(윤경호 분)도 대화에 동참하면서 식사는 시작된다.

집주인 예진은 친구들에게 휴대폰게임을 제안한다. 아내들은 좋아하지만 남편들은 달갑지 않다. 그렇다고 못하겠다는 말은 오해의 여지가 있으니 마음과 달리 흔쾌히 응하는 척한다.

이재규 감독은 게임의 법칙을 공개하지 않는다. 게임에서 진다거나 이긴다 해도 결과는 관객들이 결정짓게 한 발 물러서 있다. 가장 먼저 전화기가 울린 건 수현이다. 수화기 속에서 울려 퍼지는 수현의 문학반 친구 목소리는 식탁 위의 전화 주인공 모두를 공포로 몰아넣는다.

귀신이 나오는 영화만 공포물이 아니다. 아슬아슬하게 줄타기하듯 스피커폰에서 깐족거리며 예진을 헐뜯는 순간 수현과 태수가 당황할 때, 관객들도 잠깐 흥분하게 된다.

사람들은 자신들이 하지 못하는 말을 누군가 대신해주면 속이 시원해지는 것은 사실이다. 예진을 헐뜯는 수현친구의 사이다화법에 모두 인정하기 때문이다. 그렇다 해도 자리가 자리인 만큼 수현의 얼굴을 봐서라도 '그만해라 미란아, 위험하다.'라고 경고하고 싶어지는 장면이 꽤 그럴 듯하게 다가온다.

영화에서 감독은 색다른 퀴즈풀이를 관객에게 제시한다. 스피커폰에서 흘러나오는 목소리들을 그냥 지나칠 수 없도록 만들어 귀를 기울이며 공감대를 형성하고 있다.

영배아버지 역의 이순재, 문학반 친구 김소월 역의 라미란과 조정석 등 요즘 핫하다는 배우들의 목소리 맞추기가 영화 보는 재미를 한층 끌어올려 준다.

원작과의 차이는 그다지 크지 않지만 이재규 감독의 색감이 묻은 연출이라 볼 수 있다. 파울로 제노베제 감독의 영화, '퍼펙트 스트레인지'를 원작으로 제작된 이 영화는 배우들의 애드리브가 관객들에게 어떻게 다가올 것인지도 생각해 볼 일이다.

게임을 제안한 예진의 의도는 무엇이었을까 하는 궁금증은 영화가 끝나면서 드러난다. 애초에 핸드폰은 누구를 막론하고 개인 비밀창고였다. 김소월이 평소에 친구 예진을 헐뜯는 수현의 속내를 스피커폰을 통해 고발과도 같은 폭로를 해버리는 것이 그렇다. 수현은 항상 돈 자랑을 늘어놓는 예진을 못마땅해 했고 질투하면서 겉으로 드러내진 않았다. 그건 진정한 친구 간의 모습이 아니었기 때문이다.

수현의 남편 태수는 연상 여인과 사귀면서 그녀가 밤마다 핸드폰으로 보내오는 가슴사진을 아내 몰래 봐왔다. 핸드폰은 당연히 열지 말아야 한다. 아내에게도 할 짓이 못된다. 옆에는 친구들이 보고 있으니 자신을 어떻게 생각할지 뒷일은 보지 않아도 훤한 일이다. 당황해 하는 유해진의 연기는 진짜 남편들의 일탈처럼 관객들의 시선을 잡고 있다.

발랄한 수의사 세경(송하윤 분)은 다짜고짜 발기가 되지 않는다는 문자에 남편의 오해를 받지만 별 문제가 없다. 오히려 수화기 속에서 들

려오는 조정석의 목소리가 얼마나 끈적거리게 들리는지 관객들의 귀를 세우게 했다. 얼굴이 나오지 않아도 열 일하는 조정석의 목소리연기가 잠깐이지만 내공이 가득 차 보인다.

혼자 온 영배의 비밀은 성소수자의 상처를 이슈화했다. 하지만 원작이 나올 때만 해도 동성애자들의 고민은 사회적으로 그다지 큰 사건으로 보지 않았다.

왕가위 감독의 이름을 말하려면 먼저 떠오르는 영화, '해피 투게더'(1997)나 이안 감독의 영화, '브로크백 마운틴'(2005)이 나올 때만 해도 동성애자 문제는 화제가 될 수 있었다. 하지만 최근엔 성소수자의 권리도 많이 인정되고 있는 현실에선 약간의 각색이 필요하다는 생각이 든다. 어쨌거나, 영배는 동성애자라는 이름 때문에 친구들 앞에서 스스로도 주눅이 들었다고 볼 수 있다. 그러다가 괜히 소리치며 비판의 도마에 오른다. 배우 윤경호가 화를 내는 장면은 오버액션으로 다가온다. 목소리만 크고 핵심은 없다. 이 부분에선 감독의 연출이 아쉽다는 생각이 든다. 가장 문제가 없어 보이는 사람은 모임의 집주인 석호다. 그런 그도 표현할 수 없는 내면의 진한 통증으로 고통을 받고 있다.

그렇다면 영화의 핵심인 게임을 제안한 예진의 비밀은 무엇인가. 그녀는 당당했는가라는 질문을 해야 한다. 비밀의 휴대폰 속에 그녀의 문제는 아무것도 없다. 누가 전화해도 그녀는 당당하다. 비밀의 열쇠가 바로 자신의 앞에 앉아 모든 상황을 알고 있으니 걱정할 일이 없기 때문이다. 아이러니하게도 게임은 예진의 그 남자, 준모의 마음을 알기 위한 포석이었다.

친구들은 모두 예진의 허수아비 아님, 그냥 장기판 위의 알에 불과하다. 관객들의 시선은 누구에게 집중해야 가장 큰 사고가 터질 것인가 고민했다. 사실, 영상으로 들어난 사건은 부부간의 소소한 일탈 또는 친구의 동성애가 전부다.

결국, 예진의 판에서 놀아난 친구들은 명절날 시댁 갔다 돌아오며 부부싸움정도로 끝을 맺고 일상으로 돌아간다. 그녀는 준모에게 문자를 넣고 준모는 문자를 확인하고 지운다. 준모아내는 여전히 밝음이다. 예진과 준모의 관계는 계속되어간다는 불륜으로 영화는 끝났다.

꽤 무게감 있는 연기파들로 채워진 영화는 원작의 리메이크이지만 이 정도의 설정으로 부부간의 신의가 완벽한 타인으로 돌아서기란 애매한 시나리오다.

돌로레스 Dolores (독일, 2016)

오베라는 남자 En man Som heter Ove, A man Called Ove (스웨덴, 2015)

우리는 형제입니다 We Are Brothers (한국, 2014)

더 파운더 The Founder (미국, 2016)

그린북 Green Book (미국, 2018)

형 my annoying brother (한국, 2016)

스틸 앨리스 still Alice (미국, 2014)

빅토리아 & 압둘 victoria & Abdul (미국 영국, 2017)

주키퍼스 와이프 The zookeePer's, Wife (체코 영국 미국, 2017)

chapter 03

돌로레스Dolores, 2016, 독일

유명 연예인들을 스토킹하던 사람들이 뉴스에 가끔 나온다. 실제 이름만 대도 금방 알 수 있는 가수나 배우 중에는 스토킹의 수준이 범죄의 도를 넘어 살기를 느끼기도 한다는 개탄스런 목소리도 있었다.

최근엔 인기 그룹 아이돌 출신의 가수 누나까지 스토킹을 당하는 황당한 사건이 생겼다. 현재 수사 중에 있지만 사람들의 마음은 불편하기 짝이 없다.

영화, '내가 잠들기 전에'는 기억상실증에 걸린 여인이 자신의 잃어버린 과거와 일어났던 사건에 대해 집중적으로 추적해 나가는 여정이다.

주인공 크리스틴(니콜 키드먼 분)은 아침에 눈을 뜨면 어제의 일은 전혀 알지 못한다. 자상한 남편 벤(콜린 퍼스 분)이 매일 반복적으로 자신을 소개하고 안심시키지만 왠지 낯설다.

정신과 주치의 내쉬 박사(마크 스트롱 분)는 그녀 곁의 어느 누구도 믿지 말라고 한다. 스치듯 기억을 소환했을 때, 그녀는 경악을 금할 수

없었다.

　진짜 남편 벤은 병든 자신을 요양원에 버리고 달아났고 다정하고 배려심 많은 지금의 남편은 가짜 벤이었다. 자신을 기억상실증으로 몰아넣은 폭행범이었고 스토킹한 사람이었다. 사랑의 이름으로 포장된 스토킹의 추악한 진실이 얼마나 큰 상처를 남기는지 여기 닮은 영화, '돌로레스'가 또 다른 범죄와 스릴러를 보여준다.

　영화를 읽어본다.

　게오르그(우도 쉔크 분)는 영화 소품으로 쓰이는 여러 모형들을 제작하며 아픈 동생과 함께 산다. 내일까지 약속된 비행기 모형은 완성 직전에 동생의 실수로 망가져버린다. 모형을 가져가야 돈을 받고 동생의 약

값도 대줄 수 있는 상황이었음에도 어떻게 할 방법이 없다.

비 오는 날, 집 앞에서 어떤 여인의 자동차가 고장 나서 쩔쩔매고 있었다. 동생과 티격태격하던 게오르그는 여인을 돕기 위해 나가보았다. 그는 자신의 눈을 의심했다.

꿈에서도 그리던 짝사랑의 여인 톱 여배우 '돌로레스'(프란치스카 페트리 분)였다. 그는 흥분되어 정신을 못 차렸다. 그녀를 집으로 초대하자 다양한 모형들을 둘러본 돌로레스는 게오르그에게 자신의 집도 모형으로 만들어 달라는 부탁을 한다.

영화사에서 푸대접을 받고 돌아온 게오르그는 짐을 싸 돌로레스의 저택으로 가기로 결정한다. 병든 동생은 자신을 버리고 가는 형을 붙잡지만 매주 식량과 약을 사오겠다는 말을 남기고 떠나버린다.

감독 마이클 로젠은 처음엔 잔잔하면서 평화로운 강물처럼 영상을 펼친다. 하지만 선한 사람의 돌변은 때 아닌 소나기가 퍼붓듯이 이상한 상황들로 바꿔놓는다. 관객들이 꽤 당황스러웠을 것 같다. 주인공인 게오르그는 평범하고 착한 쪽에 속하는 사람이었다. 젊었을 때는 병든 어머니를 돌보아왔고 나이 들어서는 심각한 비만과 당뇨로 시달리는 동생의 시중을 들며 산다. 자신의 인생은 없었다.

그런 게오르그가 여배우 실물 영접에 차츰 사이코패스로 돌변하는 모습은 관객의 입장으로선 불만이다. 지나치게 냉혈한 인물로 설정해 놓는 바람에 웹툰 같은 느낌이 든다.

돌로레스의 저택으로 들어간 게오르그는 편집증이 더욱 심해지고 아무것도 모르는 비서 겸 집사인 시몬은 맡은 임무에 최선을 다하는 그를 보며 사랑에 빠진다.

게오르그는 모형을 제작하다 우연하게 한 부분을 쓰러뜨리게 된다. 그러자 실제 저택에서 똑같은 상황이 벌어진다. 놀란 그가 모형 속의 의자를 다시 밀어보니 역시 큰 의자가 밀려난다. 자신에게 초능력이 생겼음을 알게 된 게오르그는 모형을 이용해 사사건건 불만인 운전사 안톤을 다치게 만든다. 또한, 돌로레스의 연인이 나타나 그녀와 다정한 시간을 보내자 화가 치밀어 모형을 이용해 그를 죽여버린다.

시몬도 게오르그가 자신을 돌로레스와 착각할 만큼 닮은꼴을 만들어 환상 속의 사랑을 했다는 사실을 알게 돼 화를 내자 그는 힘들이지 않고 그녀를 죽인다. 살인을 하면서 죄의식은 없다. 시몬은 그의 자식을 임신한 상태였다.

영화, '내가 잠들기 전에' 크리스틴은 가짜 벤이 자신에게 폭행을 휘둘렀던 사실을 기억하는 순간 도망쳐 나간다. 게오르그의 행위가 같은 장면을 연상케 하는 부분이다. 벤이 크리스틴의 발목을 잡고 죽이려고 할 때처럼 스토킹의 단어는 끔찍하다. 게오르그의 변태적 사랑을 알지 못한 채 친절을 베풀었던 돌로레스는 배신의 충격에 빠진다.

연속된 살인에 사건을 수사 중이던 형사마저 물에 빠뜨려 살해하고 만다. 이 장면에선 관객들이 이해하기 쉽지 않다. 사실, 형사가 겉보기에는 허당처럼 보일 수 있었지만 모형을 만지작거리며 게오르그를 추궁할 땐 상당히 기대감이 높았다. 하지만 감독은 관객에게 속 시원한 해결책을 내놓진 않는다. 그건 스릴러가 될 수 없을 테니까.

뒤늦게 모든 사실을 알게 된 돌로레스는 이미 게오르그의 포로가 되어 도망갈 곳이 없다. 대 저택에는 집주인인 돌로레스와 스토킹의 주범 게오르그만 덩그마니 남았다.

도망치기 위해 현관 밖으로 뛰쳐나왔지만 집은 이미 허공에 둥둥 떠다닌다. 사방이 하얗게 변해 구름 위도 아니고 백지 위에 놓인 저택을 카메라는 저만치 밀어낸다. 화면이 온통 백색이다. 영화는 스릴러와 판타지를 섞어 놓았지만 지나치게 조용하고 어설프다. 반전도 없고 결말도 없는 연출을 보면서 감독의 의도를 들여다봐야 할 것 같다.

감독 마이클 로젠은 사랑에 대해 쟁취하는 자의 손을 들어 주려고 하지만 자신이 없다. 사랑자체를 숭고함으로 보는 연출은 식상하다는 결론이다. 사랑은 권력과 부와 연관관계가 거의 없다고 볼 수 있다. 그렇다 해도 현실에선 엄청난 부를 가진 돌로레스의 마음을 빈털터리인 게오르그는 얻을 수 없다.

감독이 그에게 용기를 준다. 바로 모형을 움직이게 할 수 있는 초능력을 준 것이다. 때문에 주인공 게오르그에겐 성공한 자의 희열감을 안겨 주고 싶은 마음이 들어보인다. 하지만 시나리오를 범죄자의 성공만 그릴 수는 없다.

영화, '나를 찾아줘'를 보면 같은 스릴러물이지만 차이가 있다. 주인공인 닉(벤 애플렉 분)은 결혼기념일에 아내가 실종된다. 하지만 아내 에이미(로자먼드 파이크 분)는 남편의 외도에 화가 나 스스로 숨어 지낸다. 옛 연인을 찾아가 그를 죽이고 잡혀온 것처럼 자해를 하고 갖은 악행을 저지른다. 게오르그는 모형으로 사람을 죽이지만 그녀는 직접 살인을 한다. 남편을 꼼짝 못하게 해놓기 위한 게임이었다.

영화는 관객들이 범인의 잔인한 행위들과 일거수일투족을 보면서 공포심을 느끼게 된다. 반전과 반전을 거듭하면서 관객들을 혼란스럽게 만들었다. 영화, '돌로레스'와 간극이 있는 스릴러물이다.

어쨌거나, 감독이 애써 찾은 결론은 카메라로 그를 위리안치 시키는 정도다. 게오르그가 자나 깨나 영화를 볼 때나 그녀만 생각하고 키스하는 상상을 할 때부터 알아봤다. 감독도 상상의 나래만 펼칠 거라는 것을 이미 눈치 챈 관객들도 있다. 돌로레스는 무슨 쥔가 그녀 눈에 하늘도 하얗다. 영화는 지루하게 느껴질 수도 있다.

오베라는 남자 En man Som heter Ove, A man Called Ove, 2015, 스웨덴

'꽃보다 할배'라는 말이 유행처럼 떠돈다. 그만큼 노년의 남자배우들도 왕성하게 활동할 수 있다는 의미도 되고 그들의 일거수일투족이 관객과 가장 중요한 공감대를 형성하기 때문이다.

여행을 하면서 다리가 아파 힘들어하는 동료를 배려하기도 하고 서로가 의지하며 사사건건의 일들이 때론 마음을 아프게 한다. 시간의 흐름이 원망스럽기도 하며 고개가 끄덕여지는 일상들이 우리들의 미래를 보는 것과 같아서 더욱 마음이 가는 이유다.

이 영화, '오베라는 남자'도 노년을 홀로 지내는 오베를 통해 인간의 삶과 끈끈한 우정, 사랑, 그리움까지 담아낸 고독한 할배의 홀로서기 이야기다. 미국의 사실주의 화가 에드워드 호퍼는 그리니치 에비뉴의 한 식당에 있던 손님들의 모습에서 영감을 받아 '밤을 지새우는 사람들'을 그렸다. 비평가들은 그림 속에서 고독의 절절함을 보았다고 말했다. 사람들은 함께 있어도 개인은 고독함을 느낀다는 의미다.

감독 주세페 토르나토레의 영화, '베스트 오퍼'를 보면 오베와 흡사한 남자가 등장한다. 매사에 독불장군이며 스스로 육신을 옥죄어간다. 그는 고품격 예술품을 경매하는 최고의 경매사이며 까탈 많은 노인 올드먼(제프리 러쉬 분)이다. 오베와 올드먼 두 사람의 연기와 영화의 의미를 대비해 보면서 읽어보는 것도 흥미롭다.

영화를 읽어본다.

한 남자가 있다. 매일 같은 시각에 동네를 산책하고 구석구석 점검한다. 마을 안으로 차를 몰고 들어오면 불같이 화를 내거나 기어코 내쫓는다. 마을전체가 자신의 구역처럼 행동한다.

열심히 살던 그에게 회사는 권고사직을 내린다. 아내는 병을 얻어 죽고 아기도 잃고 세상천지에 홀로이던 남자 그가 오베(롤프 라스가드 분)라는 남자다. 삶에 회의를 느낀 오베는 더 이상은 살아갈 의미가 없었다. 결론은 아내의 뒤를 따라가는 것뿐이다.

목을 매어 죽을 결심도 해보고 열차에 뛰어들어 죽으려고 했지만 자신보다 먼저 철로로 뛰어내린 남자를 구하고 사람들 눈이 있어 실행에 옮기지 못한다. 그래도 틈만 나면 자살을 시도하는데 새 이웃으로 이사 온 젊은 부부의 시도 때도 없는 방문에 죽을 겨를이 없다.

영화는 우리들 주변에서 가끔 보도되고 있는 내용이다. 문제는 평범함 속에서의 일상이 일탈이라 말할 수 없는 사건들로 진을 치고 있다.

가족이라는 테두리 안에서 행복한 삶을 누리는 게 모든 사람들의 꿈이다. 하지만 아이도 잃고 아내도 먼저 세상을 떠난 뒤, 홀로된 노년의 삶은 일탈을 벗어나 고행이 된다. 살아간다는 것은 목을 매는 것보다 어렵다는 오베의 말이 진하게 가슴으로 파고든다.

스웨덴 출신 감독 하네스 홀름은 전 세계적 베스트셀러로 검증받은 같은 스웨덴출신 작가 프레드릭 베크만의 소설을 선택했다. 이미 영국의 〈데일리 메일〉이나 미국의 〈피플〉 등에서 극찬을 받은 원작을 영상으로 옮기는 데는 그다지 고민하지 않아도 되었다.

원작자 프레드릭 베크만은 『오베라는 남자』를 써오면서 처음부터 책으로 엮지 않았고 자신의 블로그에 그때그때 연재해왔던 것이다. 아직 신인이었던 프레드릭은 네티즌들의 격렬한 호응에 힘입어 한 권의 책으로 묶었고 급기야 유럽이 그에게 열광하고 전세계적으로 베스트셀러에 올랐다.

감독 하네스 홀름은 지극히 평범해 보이는 오베라는 남자의 일상을 보면서 삶의 다양함과 관객들의 시선이 다르다 해도 공감대가 같음을 찾아내 영상에 덧보탰다. 예를 들면, 권고사직을 당하는 남자들의 고뇌는 중년의 아픔으로 남고 사랑하는 아내를 먼저 떠나보낸 노년의 남자는 그다지 할 일도 없이 외롭기만 하다. 우울증이 지나치면 목을 매고 거리에서 부딪치는 사람에겐 화를 참지 못한다.

그럼에도 길고양이의 배고픔을 걱정해주고 이민자 가족들의 사랑에 마음이 열리는 과정들 속에서 웃음이 배어나오기도 하는 장면들이다.

노년의 오베 역을 맡은 롤프 라스가드는 표정연기가 살아있다. 그의 심술쟁이 영감의 연기는 영화에서 우울하고 공허하다 못해 죽지 않으면 안 될 것 같은 오베와 일치하는 데 성공한다.

'베스트 오퍼'의 올드먼도 타인과의 접촉을 꺼려하고 성격은 오베처럼 괴팍함이 당할 자가 없다. 그도 고독의 정점에 서 있는 노년의 남자다. 롤프 라스가드나 제프리 러쉬처럼 쓸쓸함과 강함을 동시에 안고 연기해야 하는 장면들은 소화해내기가 쉽지 않다.

감독은 일일이 연출에 대한 지시를 하지 않아도 그들은 스스로가 괴팍한 노인이 되어 오베가 되고 올드먼이 되어 관객들을 몰입시킨다.

오베가 목을 매기 위해 의자 위에서 혼신의 노력을 할 때, 관객들은 그가 죽지 않을 것을 알면서도 그가 죽거나 다칠까 안타까워하는 모습들이 이미 관객은 오베의 포로가 된 것이다.

죽으려고 목을 매는 순간마다 파르나베(바하르 파르스 분)가 눌러대는 초인종소리가 거슬려 목을 매지 못하는 아이러니는 관객들에게도 안도의 한숨을 쉬게 한다. 이란에서 왔다는 그녀는 멀대 같이 키만 크고 할 수 있는 게 별로 없는 남편 대신 오베를 찾아와 도움을 청한다.

처음엔 죽으려는 자신을 괴롭힌다고만 생각하더니 차츰 그녀의 아이들과 놀아주고 그녀가 없을 땐 떨어진 싱크대도 고쳐놓을 정도의 정 많은 사람이기도 하다. 그런 오베를 파르나베는 관심을 갖고 가까이하려 노력한다. 흔히 일컫는 '알고 보면 좋은 사람'이라는 것을 알았기 때문이다.

이웃이 어떤 생각을 하고 어떤 삶을 살던 알바 없이 외면하는 사람들 속에서 외롭게 혼자 주검을 맞이한 많은 사람들을 위해 이 영화는 우리에게 경종을 울린다. 매일 같은 시각에 마을을 돌아보고 점검도 하고 산책을 하는 오베가 어느 날 갑자기 보이지 않으면 어떻게 될까 하는 것이다.

얼굴만 보면 알 수 있는 이웃이 평소에 공원에 앉아 책을 본다든가 사색에 잠겨 있는 모습을 보았다. 그런데 갑자기 보이지 않는다면 이웃으로서 이유는 알아보아야 할 세상이 필요하다는 메시지를 작가와 감독은 관객에게 전한다. 우리 곁에 파르나베와 같은 이웃이 있다면 하는 마음이 들게 되는 이유다.

감독 하네스 홀름은 평범한 우리 이웃들의 세계를 깊이 있게 다룬 원작을 해치지 않고 아름다운 영상으로 옮기는데 주력했다.

젊은 오베역의 필립 버그도 암울했던 시대적 가난의 희생양처럼 열연했다. 혼자서 오베를 키워온 아버지는 동료들에게 아들의 성적표를 자랑하다 자신이 일하던 선로 위에서 열차에 치여 목숨을 잃는다. 아버지의 마지막 모습을 지울 수 없는 상처로 남은 오베는 아버지의 뒤를 이어 철로에서 일한다. 살던 집은 불태워지고 잠잘 곳이 없던 그는 열차에서 잠을 자다 소냐(이다 엥볼 분)를 만나게 된다. 오베는 그녀에게 첫눈에 반한다.

그녀에게 전 재산을 털어 식사 대접을 하고 자신은 철도 노동자라는 고백을 한다. 비싼 가격에 음식을 사먹지 못하는 처지지만 솔직함과 성실함에 소냐는 고백을 받아들인다.

이런 장면들에서 필립의 연기는 순수한 스웨덴 청년의 모습 그대로다. 특별하다 말할 수는 없어도 자연스런 연기가 몸에서 배어나오는 청년의 열정이 살아 있다.

오베가 목을 맬 때마다 지나온 젊은 날들의 영상은 교차편집으로 연출이 제때에 이루어져 영상이 불편하게 느껴지는 일은 없다.

어쩌면 바쁘게 돌아가는 현대인들의 삶의 과정이 영화, '오베라는 남자'를 통해서 진솔하게 다시 돌아볼 수 있는 기회가 될 것 같다. 모두가 나만 아니면 된다든가, 내 일이 아니라는 이유로 알 필요가 없다는 등의 이기적인 생각들을 되새겨볼 아름다운 수작이다.

우리는 형제입니다 We Are Brothers, 2014, 한국

우린 전쟁을 치렀던 국민인 만큼 가슴 아픈 사연들도 많다. 가족을 찾는 이름들이 방송국 건물을 도배하고 누구 한사람이라도 찾은 가족은 기쁨과 설움에 북받쳐 부둥켜안고 울던 시절이 있었다. 내 가족이 아니었어도 모두가 만나면 기뻤고 찾지 못해 안타까웠다.

이 영화를 만든 장진감독은 영화에서 어떤 메시지를 전달할 것인지는 깊게 고민하지 않아도 된다. 시절이 하 수상했던 우리들의 과거사가 역사로 남아 있기에 이해가 쉽다는 의미다.

우리나라는 세계적으로 해외입양이 많은 국가다. 때문에 시나리오가 펼쳐지는 순간 관객들은 장진 감독이 전하고자 하는 메시지가 입력될 수밖에 없다.

그 중에 훌륭하게 성장한 입양아들이 많기도 하지만 먼 나라 미국에서 또 다시 양부모로부터 버림받고 오갈 데 없어진 어린아이들도 꽤 있었다. 그들은 먹고 살기 위해 어둠의 세계로 흘러드는 일도 허다했다. 고통과 핍박 속에서 힘들게 살아온 입양아들은 지금도 자신을 낳아준 부모 형제를 찾고 있는 상황이 영화, '우리는 형제입니다'에서 대변하고 있다. 영화의 주인공들이 바로 그 시대의 불운했던 대표적 가족이야기다.

영화를 읽어본다.

어려서 사고로 아버지를 잃은 형제 상연(조진웅 분)과 하연(김성균 분)은 엄마(김영애 분)의 가출로 고아원에 맡겨진다. 한창 고아들이 해외입양을 떠나던 시대였다. 형제도 함께 입양되길 바랐지만 상연만 미국으로 떠나게 된다. 어렵게 성장한 하연은 집 떠난 엄마를 우여곡절 끝에 만났지만 이미 치매환자가 되어 있었다. 혼자 수발을 들며 그럭저럭 살고 있던 하연에게 방송국에서 연락이 온다. 미국에 살던 형 상연이 동생을 찾는다는 소식이었다.

엄마와 방송국으로 형을 만나러 온 하연은 화장실 간 엄마를 기다린다. 방송작가가 따라갔지만 그녀가 조는 사이에 사라져버린 엄마 때문에 화가 치민다. 형제는 엄마를 찾기 위해 방송국 사람들과 소문을 따라 전국을 돌며 티격태격한다.

감독 장진은 영화에서 형제라는 매개체를 통해 요즘 떠도는 말로 웃픈 가족사를 리얼하게 버무려 선보이고 있다. 사연 많은 대한민국의 형

제가 30년 만에 상봉하면서 현실을 직시해야 하는 처지가 서로 만만치
않다.

우선 형인 상연은 미국으로 입양돼 우여곡절 끝에 목사가 되었다. 한
국에 남은 동생 하연 역시 앵벌이를 비롯해 안 해 본 것 없는 삶의 최하
위를 살았다. 그러다 성인이 되면서 무당이 되었다. 어렵게 번 돈은 엄
마를 찾으며 다 썼다. 이런 과거를 얘기하는 상연의 목소리가 관객들에
겐 공감의 소리로 들릴 수밖에 없다. 그렇다고 슬픔과 아픔을 그대로 노
출시켜 어두워지는 주변보다 그땐 그랬지만 지금은 밝고 환하게 그들
을 살게 하고 싶다는 의미가 더 크게 와 닿는다.

영화에서 감독은 입양이란 상당히 어렵고 아픈 생채기와 같은 단어들
을 사용하고 있다. 하지만 영화가 무겁지 않고 깊은 속내를 감추고 있는
것은 시나리오의 슬픔만을 추구하고 싶지 않다는 장진 감독 특유의 웃
음기에 있다.

그는 다양한 방송예능 프로그램에 출연해 시청자들을 웃기기도 하던
감독이다. 어쩐지 슬픔만 간직하기엔 겁나게 좇아오는 세월의 공격에
저항심을 느낀 사람 같다. 호불호가 갈릴 수 있겠지만 밝은 미소의 감독
이 만든 작품이어서 그런지 슬픔 속에서 희망을 보이려 노력하는 그의
연출이 꽤 진지해 보인다.

그가 캐스팅한 배우는 영화에 대한 최선의 선택이었다. 지금은 작고

하신 고 김영애님의 치매 걸린 엄마 역은 관객들로 하여금 가슴 먹먹함을 느끼게 한다. 병상에 누워 두 아들의 얼굴을 쓰다듬으며 진한 사투리로 '너그들 또 싸웠나?'라고 묻는 신에서는 또 한 번 그녀의 경륜이 묻어난다. 바로 엄마의 엄마에 의한 마음이 장면마다 드리운다.

장진 감독의 코믹함은 견인차량 운전사 역의 김민교에서 시작된다. 그는 고속도로에서 사고가 발생하는 곳으로 무전 연락을 받고 달려가던 중에 도로에 버려져 혼자 서 있는 노인을 보게 된다. 노인을 보며 자신의 엄마 같은 생각이 들어 흥분과 분노로 굵고 동그란 눈알을 굴리며욕을 해댄다.

"어떤 ○○들이 늙은 엄마를 위험한 고속도로에 버려두고…"

관객들이 박수를 치며 자지러지는 장면이다. 장진감독이 원하는 신은 아직 남았다. 그는 매표소에서 방황하던 엄마에게 장례 차에서 받은 돈을 얻어 다시 엄마에게 주는 뻔뻔한 노숙자 김씨 역의 김병옥이다. 그의 열연은 기가 막힌다.

다른 특별출연자는 바로 연기의 신 이한위이다. 그는 아파트 경비원으로 깜짝 출연이었지만 김영애와 찰떡 호흡을 보여준다. 아주 잠깐이었어도 그냥 넘어갈 수 없는 사람이 있다.

형제가 시민들의 제보에 전국을 돌다 여수 파출소까지 내려갔을 때다. 반장 역을 맡은 김원해는 엄마를 찾는 전단지를 들고 작은 아들 상연의 모습이 무속인임을 알고는 욕을 퍼붓는다.

"바빠 죽겠는데 가짜 무당들까지 날뛰고 지랄이여, 지랄이."

이 장면은 영화의 슬픔을 덮으려는 감독의 의도가 아니라 실제상황의 현실감을 느끼게 한다.

어찌됐건, 이들의 연기는 비록 카메오로 출연한 배우들이지만 각자의 색깔이 확실하고 연기의 달인들이라 할 만큼 타의 추종을 불허할 사람들이었다. 곳곳에 포진한 연기 열정파들의 열연에 주인공인 조진웅과 김성균이 묻히는 감이 없지 않다. 두 주인공의 연기 실력도 만만치 않음을 관객들도 이미 인지하고 있지만 카메오들의 모습이 워낙 유난스러

왔던 탓에 도리어 손해를 본 것 같다.

그렇다 해도 관객들은 코미디를 추구했음에도 자칫 지루할 수 있었던 영화에서 그들을 보며 우리 주변에서 일어나고 벌어지는 상황을 공감하고 이해하게 만든다.

영화는 종교나 문화가 다른 두 형제의 이야기에서 격렬하게 싸우진 않아도 서로 다름을 인정하고 형제의 우애를 유지시킨다. 사실, 우리들은 명절만 되면 치고받고 싸우는 가족이 많다는 말이 있다. 하물며 30년을 문화가 다른 곳에서 성장한 형제의 만남이야 오죽할까.

형제가 나오는 영화가 꽤 많지만 그 중에서 형제의 우애가 최고봉인 영화가 있다. 볼프강 페트젠 감독의 '트로이'에서는 아우인 파리스(올랜드 블룸 분)가 저지른 실수로 인해 형인 미래 트로이의 왕이 될 헥토르(에릭 바나 분)가 죽는다. 깊이 따지고 보면 실수가 아니라 나쁜 짓이다. 동맹국의 왕비와 눈이 맞아 도망을 갔으니 죽어 마땅하다. 그럼에도 형은 아우를 지키기로 하고 전쟁을 치르다 대신 죽는다. 형제애가 놀라울 뿐이다.

켄 로치 감독의 영화, '보리밭을 흔드는 바람'도 형제에 대한 아픔이 절절하다. 아일랜드의 독립을 위한 젊은이들의 피 끓는 전쟁사에서 게릴라 투쟁을 벌이던 형제가 조국을 위한 이름아래 둘로 갈린다. 결국, 형은 사랑하는 동생을, 동생은 지적이며 이성적인 사람이라 믿고 존경하던 형을 잃고 만다.

강제규 감독의 영화, '태극기 휘날리며'도 마찬가지다. 형인 장동건과 아우인 원빈이 남한과 북한이라는 하나의 조국이 둘로 깨지면서 서로 총부리를 겨누는 아픈 영화다.

이들처럼 영화, '우리는 형제입니다'도 코믹하지만 그 속엔 분단이라는 생채기 투성이의 아픈 나라에 살고 있는 우리들의 현실을 직시하게 만드는 웅숭깊은 영화라고 볼 수 있다.

아직까지 살았는지 죽었는지 모르는 부모형제들이 남아 있기나 한지 한번쯤 생각해 볼 일이다. 언제나 수준 높은 연기를 보여준 무척이나 아름다웠던 고 김영애님의 명복을 빈다.

더 파운더The Founder, 2016, 미국

　과실의 여신 포모나는 과실나무만 사랑한다. 가지치기나 물길 터주기 같은 힘든 일도 정성을 다하며 애정을 쏟는다. 때문에 남자와 사랑할 시간이 없다. 하지만 많은 숲속의 남자 신들이 포모나를 만나고 싶어 줄을 서지만 그녀의 마음은 과실밖에 없다.

　그 중에 베르툼누스도 포모나를 짝사랑하고 있었다. 그는 농부로 변신도 하고 낚시꾼이나 목동으로 변신해가며 그녀 곁을 어슬렁거리다 좀 더 다가가기 위해 노파로 변신한다. 노력과 끈기가 가상하다.

　포모나에게 다가간 그는 과실나무도 좋지만 아가씨도 좋은 짝을 만나 인연을 맺는 게 살아가는 데 좋은 날이 될 것이라며 부추기다 결국 그녀의 마음을 얻는다.

　수단과 방법을 가리지 않고 끈기와 노력, 인내로 그녀의 마음을 얻은 베르툼누스는 공들인 다른 신들을 물리치고 사랑의 승리자가 된다. 그는 인내심 좋은 사랑의 승리자인가, 아니면 야비한 수단과 방법을 가리

지 않은 사랑의 쟁취자인가 하는 것은 오롯이 독자의 몫이다.

이처럼 신들의 사랑에도 욕망이 불타올라야 뭔가를 이룰 수 있다는 데 하물며 인간세계의 야망은 어떠할까. 옳고 그름의 잣대란 무엇인지 생각해보자.

영화, '더 파운더'는 전 세계인의 사랑을 받고 있는 맥도날드의 창업 과정을 고스란히 보여주고 있다. 맥도날드 형제와 레이 크록의 사생활과 행보를 들여다보며 청기백기를 시작한다.

영화를 읽어본다.

중년의 레이 크록(마이클 키튼 분)은 외판을 하며 근근이 산다. 아내 에델(로라 던 분)은 상류층의 모임에 나가는 재미로 살고 남편의 허덕

거림은 짜증스러울 뿐 고통은 안중에 없다.

레이는 종이컵도 팔아보았고 다양한 물건을 외판했다. 궁상맞은 살림을 탓하는 아내는 상류층의 모임에서 빠질 기미가 없다.

밀크셰이크 믹서기를 팔러 다니던 레이는 샌 버나디노를 지나가다 우연히 한 식당을 보게 되었고 주인을 만나 믹서기를 판매하러 들어간다. 주문한 음식이 30초 만에 나오는 광경을 보면서 그들에게 반한다. 레이는 식당 주인인 맥도날드 형제에게 그들이 개발한 스피디 시스템에 대한 과정을 듣는다. 그는 흥분했다. 곧장 프렌차이즈 사업을 제안하였고 망설이던 형제는 계약한다. 열정과 야망이 넘치던 레이는 얼마가지 않아 맥도날드를 인수하고 미국 전역을 넘어 세계적인 햄버거의 전설을 만든다.

영화를 보면서 맥도날드의 진짜 파운더는 누구인지 관객들은 고민에 빠질 수 있다. 처음 햄버거의 제작과 스피디 시스템은 딕과 맥 형제의 고군분투에서 비롯된 것이다.

그럼에도 창업자는 레일 크록으로 전해진다. 참으로 눈뜨고 코 베인 맥도날드 형제가 안타깝다. 따져보면 형제는 성실하고 부지런하며 창의력도 남달랐다. 테니스 코트에 그림을 그려 놓고 직원들을 교육시켰다. 신속하고 정확하게 햄버거가 30초 만에 손님에게 나갈 수 있는 아이디어가 1954년 당시엔 획기적인 아이템이었다.

이를 본 레이는 프랜차이즈를 제안하고 계약하지만 번번이 형제의 결제를 받아야하는 상황이 화가 치민다. 자신의 눈에 돈이 보이고 확실한 미래가 보이는데 형제의 간섭은 필요치 않았다.

영화 제작자인 돈 핸드필드는 싱어송라이트 마크 노플러의 노래를 듣고 레이 크록에 대해 영화를 만들기로 마음먹는다. 노래의 가사가 레이 크록의 이야기였기에 그의 궁금증이 증폭된 것이다.

감독 존 리 행콕은 미국인의 사회와 음식문화를 개척한 맥도날드의 파운더인 레이 크록의 이미지로 가장 적합한 배우로 마이클 키튼을 선택했다. 그는 실제 레이 크록의 얼굴과 체격까지 비슷하며 열정이 가득한 얼굴과 사업에 심취하는 야망서린 눈까지 코스프레했다.

딕 형제의 사무실에서 미래에 사용할 맥도날드의 이미지 액자를 보면서 반하는 모습이 조금도 어색하지 않은 마이클의 연기에 관객들은 얄미움을 한바가지 퍼부어도 모자랄 흥분을 일으킨다. 이 영화가 맥도날드라는 이름에 관객의 시선을 더욱 집중시킬 수밖에 없는 것은 누구나 한 번쯤 햄버거와 밀크셰이크를 먹어봤기 때문이다.

어쨌거나, 딕 형제는 왜 그렇게 한 곳으로만 안주했을까 하는 아쉬움에 순수함도 지나치면 그다지 사랑받을 자격이 없다는 생각도 든다. 그들은 성실하게 한 우물만 안전하게 파겠다는 의도로 머물렀기에 파운더 자리를 놓치고 말았다. 만약에 레이가 공격적인 마케팅으로 프랜차이즈사업을 시작하지 않았다면 지금의 세계적인 맥도날드는 창립되지 않았을 것이다.

딕 맥도날드의 손자 제이슨 프랜치는 할아버지의 끈기와 노력을 보았고 영화사에서 할아버지에 대해 설명해 줄 수 있는 영화를 만드는데 찬성한다고 말했다.

영화가 끝나고 뭔지 허전함이라든가 씁쓸한 생각이 드는 관객에게 도움을 드리고자 한다면 레이에 대해 약간의 이해가 필요할 것 같다.

사실, 관객들은 맥도날드의 창업에 대해 알지 못한다. 알 필요도 없다. 예를 들면, 코카콜라의 비법을 세계 수많은 사업자들이 눈독을 들여도

알지 못하듯이 우리들은 그저 콜라의 맛에 대해 평가할 뿐이다. 그처럼 맥도날드의 창업자에게 관심은 필요치 않았고 다만 햄버거와 밀크셰이크의 맛이 업그레이드되면 좋아할 뿐이다. 여기에 답이 있다.

맥과 딕 형제가 만들었지만 그 맛을 우리에게 알린 건 레이 크록이기 때문이다.

제작자인 돈 핸드필드의 말처럼 레이는 맥도날드 햄버거를 만들지 않았고 스피디 시스템도 창안하지 않았다. 그렇기에 어쩌면 남의 기획을 훔친 것과 같다고. 때문에 관객들은 영화를 보면서 저런 나쁜 사람이 있을까 하면서도 형제는 왜 자신들의 사업을 지키지 못했을까 하는 불만을 토로하게 된다.

남의 아이디어를 빼내 가는 것은 큰 범죄에 해당하는 사건이다. 하지만 레이가 없었다면 맥도날드는 샌 버나디노의 작은 음식점으로 끝났다. 레이는 실패하지 않는 삶을 위해 치열하게 살았다. 맥 형제를 존경했었고 그들의 권리를 끝내 인수했다.

영화는 전설의 파운더 레이 크록의 이야기를 담고 싶었다고 제작자인 돈 핸드필드는 설명했다. 그는 인생을 노력으로 일궜고 스스로를 파운더로 불렀다.

영화에서 딕 맥도날드가 레이에게 묻는다.

"너의 이름으로 사업을 시작하지 왜 하필 우리 형제의 이름을 사용하려 하느냐?"

능청스럽게 레이가 답한다.

"너 같으면 레이 크록이란 햄버거가 맛있겠느냐? 난 맥도날드란 이름
만 들어도 입에서 군침이 돈다. 햄버거가 아니라 너의 이름 맥도날드가
좋다."

결국, 사라질 뻔했던 세계최초의 스피디 시스템은 한 남자의 끈질긴
노력으로 맥도날드란 전설로 탄생됐다.

영화가 끝나니 왠지 맥도날드로 빨리 가고 싶다. 햄버거와 밀크셰이
크를 시키고 딕과 맥 형제, 파운더 레이 크록과 샌 버나디노의 시대를
상상해봐야겠다.

그린북Green Book, 미국, 2018

화장실은 백인들 사무실 길 건너 흑인 전용을 따로 써야 한다. 비가 오면 비를 맞고 시간이 빠듯하면 숨차게 달려가서 볼일을 본다. 백인 상사는 아무 것도 몰라서 소리를 지른다. 가끔 자리를 비우는데 어딜 그렇게 돌아다니느냐고.

사무실 직원들은 '감히 흑인 주제에 백인이 쓰는 커피머신에 손을 대다니' 등의 인격모독을 서슴지 않는다. 같은 직장에서 흑인이라는 이유로 천재들이 멸시를 받고 있는 이야기들은 실화이다. 영화, '히든 피겨스'의 세 흑인 천재들이 겪은 극심했던 현대판 인종차별이다.

영화, '그린북'은 '히든 피겨스'와 같이 천재적 재능을 가진 흑인들이 검은 피부를 가졌다는 이유만으로 백인들에게 심각한 차별대우를 받은 실화를 소재로 영화화한 것이다.

두 영화의 주인공들이 겪은 일들은 어느 정도의 각색은 부인할 수 없지만 시놉시스는 사실에 더 가깝다고 보면 된다. 닮은 두 영화, 의미가

매우 깊다.

영화를 읽어본다.

클럽에서 관리를 하고 돈을 주면 좋은 일 나쁜 일 가리지 않고 뭐든 해결해주는 토니 발레롱가(비고 모텐슨 분)는 말주변이 꽤 좋다. 가족이 많아 먹고 살기 빠듯한 처지에 갑자기 클럽이 휴업을 하자 새로운 일자리를 찾는다. 마침 유명 피아니스트 돈 셜리 박사(마그샬라 알리 분)가 로드 매니저를 뽑는다는 말에 면접을 보러 간다.

흑인을 경멸하던 토니에게 셜리 박사는 꼴불견이었다. 까만 얼굴에 귀족 같은 말솜씨와 품위를 지닌 그가 영 마음에 들지 않는다. 아무리 배가 고파도 아닌 건 아니라는 생각이 들었다. 거절하고 돌아서는 토니에게 셜리박사는 만족할 급여를 제시한다.

토니가 수용하고 둘은 그린북을 들고 미국에서 가장 흑인을 배척하는 남부로 성자의 고행처럼 콘서트 투어를 시작한다. 성격도 식성도 완벽히 다른 두 남자가 거친 항해를 하듯 펼쳐놓는 그림들 속으로 그린 색의 승용차가 달려간다.

영화에서 보여주고 있듯이 1960년대 미국남부의 지독한 인종차별은 역사에서 지울 수 없는 사실이다. 많은 영화에서 감독들의 손에 의해 연출되었으며 지금도 중요한 시나리오로 사용되고 있다.

예를 들면, 앞서 말한 '히든 피겨스'도 그렇지만 인종차별의 극한을 보여주었던 영화, '노예 12년'을 들 수 있다. 주인공인 솔로몬(치웨텔 에지오포 분)은 바이올린 연주자로 워싱턴에서 일자리를 찾던 중이다.

마침 두 명의 신사가 나타나 연주자를 구한다고 해서 따라 나섰다. 그들과 술을 마신 후 정신을 잃었다. 깨어보니 쇠사슬에 묶여 있었고 자신을 도망친 노예라며 채찍질을 해댔다. 어떤 말도 소용이 없는 상황에 처했다. 그리고 억울한 12년의 세월을 노예로 살아야 했다. 미국 남부에서 벌어진 인종차별주의자들의 행태에 의해 음악밖에 모르던 한 흑인남자의 토막 난 인생이야기다.

솔로몬의 시대는 1840년대의 미국 상황이다. 외부로부터 노예를 사들이던 제도가 폐지되자 북부에 사는 흑인들이 납치되어 남부로 팔려갔다. 죽을 때까지 백인들에게 채찍질 당하며 노동하고 벗어나지 못하는 삶을 살았다. 그곳이 흑인들에겐 무덤과 같은 남부였다.

백인과 흑인 또는 황인 모두 무엇이 다른지 백인들 눈에는 왜 자신들이 우월하다고 생각하는지 모르겠다. 우월성을 느끼는 것은 뇌에서 나오는 어떤 호르몬의 작용인지 영상 속의 장면들을 보면서 궁금증이 격하게 증폭된다.

이 영화는 솔로몬의 인종차별 시대를 백년이 훌쩍 지난 후의 시대건만 미국남부에서 흑인에 대한 차별주의는 변함이 없다. 때문에 영화에서처럼 셜리 박사와 같은 국가적 인재에게도 가차 없이 언어적, 신체적 폭행이 가해졌기에 마음대로 여행을 다닐 수 없었다.

격조 높은 연주는 듣고 싶어서 초청해놓고 연주자와 식사는 함께 할 수 없으니 보이지 않는 구석진 곳에서 먹고 무대에 오르라는 참으로 남부 사람들의 이상한 편견에 놀라지 않을 수 없다. 셜리 박사는 인격모독은 기본이고 경찰들이 행하는 생명의 위협마저 감내해야 했다.

사건 사고를 막기 위한 대안으로 유색인종 여행 가이드 '그린 북'이라는 안내서가 필요했던 것이다. '그린 북'에 그려진 곳으로 다녀야 안전했고 그들만의 호텔에서 숙박이 가능했다.

영화, '그린 북'은 당시의 지독했던 인종차별에 있어 시련을 겪었던 천재피아니스트 돈 셜리 박사와 그의 곁에서 힘이 되어 주었던 로드매

니저 토니 발레롱가가 걸어온 아프지만 사실인 다큐멘터리 같은 작품
이다. 많은 사람들이 그렇게 알고 있지만 영화는 사실과 많이 다르다는
평가도 따른다. 사실이든 아니든 그 시대의 불편했던 진실만은 부인할
수 없다.

감독 피터 패럴리는 영상을 보는 관객들이 울분을 토로할 때도 있고
때론 지루함을 느낄 수 있는 순간을 일찌감치 차단하기 위해 세밀한 미
장센을 구상한다. 그것은 영상 속의 자연풍광이다. 감독은 마냥 당하기
만 하는 돈 셜리 박사의 고독한 상황에서 그의 눈을 짧게나마 행복하게
만들어주는 그림들을 보여주기로 한다.

감독은 선 굵게 셜리 박사가 곧장 남부콘서트 장에 도착하는 장면을 시작해 사건을 열어가도 되지만 우아한 그린 색 캐딜락은 그린 북과 함께 뉴욕에서 서서히 출발하게 만든다. 펜실베니아를 비롯해 오하이오, 인디애나의 자연의 편안함은 눈이 즐겁다. 켄터키의 방향표시판까지 포함해 미 동부해안을 관객과 함께 동행하는 기분이 들게 연출한 것에 박수를 치고 싶다.

흑인인 돈 셜리 박사가 뒷좌석에 품위를 지키며 앉아있고 백인인 토니는 운전대를 잡는다. 오하이오쯤인가 캐딜락이 고장 났다. 수리를 마친 토니는 꼿꼿하게 서 있는 박사에게 뒷좌석의 문을 열어준다. 상상 못할 장면에 남부의 어느 농장 인부들은 헛것을 본 것처럼 정신을 놓는다.

감독이 잊지 않고 그날의 순간이 진정한 우정을 나눌 수 있는 출발이었음을 기록해준다. 편견이 무너지고 사람이 사람으로 대할 뿐임을 아름답게 연출해 놓은 신이다.

특히, 영화를 보는 내내 마음이 짠했던 시간들을 비고 모텐슨의 켄터키치킨 먹방을 보면서 사라진다는 점이다. 그가 우걱우걱 치킨을 뜯어먹는데 관객들도 먹고 싶은 마음이 생기게 만든다는 사실에 감독의 연출도 그렇지만 비고 모텐슨의 자연스런 열연이 한몫 단단히 한 이유다.

그는 "흑인들이 가장 좋아하는 게 켄터키치킨이라 들었는데 이걸 못 먹느냐"고 의아해 한다. 셜리 박사에게 먹어보라며 강제하다시피 치킨을 던져주자 망설이던 박사는 조금씩 새로운 맛의 세계에 홀린다. 관객들도 치킨이 당기는 순간이다. 이 부분에서 많은 관객들이 토니의 발언은 흑인에 대한 차별적 발언이라고 했었다. 그럼에도 이런 장면에서 두 배우의 조합은 최고였다.

실제, 영화가 끝나고 치킨의 매출이 높았다는 말이 있다. 비고 모텐슨은 배역을 위해 몸무게를 많이 늘렸다고 전한다. 마허샬라 알리는 실제 돈 셜리 박사의 연주영상을 보면서 그의 손짓 몸짓 하나까지 자신의 것으로 만들려 많은 연습을 했다하니 노력의 대가가 확실하다. 음악감독이며 피아니스트인 크리스 보워스의 도움을 받은 것도 한 편의 아름다운 영상으로 재탄생되는 발판이 되었다.

영화, '문라이트'에서 마약 밀매업자 후안으로 인상 깊었던 마허샬라는 돈 셜리박사에 완벽 빙의되는 모습에 최고라는 찬사가 아깝지 않다. 가늘고 긴 손가락은 피아노에 최상이었으며 허약하고 침묵하는 고독한 예술가의 시선을 가장 적절하게 연출해 냈다.

감독 피터 패럴리는 토니 역의 비고 모텐슨이나 셜리박사의 마허샬라 알리의 캐스팅이 얼마나 적절하게 잘 이루어졌는지 스스로 감탄했을 것이다. 영화가 끝나고 그 진가가 감독뿐 아니라 비평가들이나 관객들에게도 만족도가 높았음을 보면 그렇다.

어쨌거나, 피터 패럴리 감독의 제의를 받은 토니의 아들 닉 발레롱가는 자신의 아버지가 살아온 시대의 이야기를 꼭 영화로 만들고 싶었다는 소망을 털어놓았다. 닉은 제작과 각본에 기꺼이 참여했다.

영화가 끝나고 엔딩 신은 실제 모습의 비고 모텐슨과 돈 셜리 박사의 사진으로 올라간다. 영화에서 피터 감독은 두 사람이 일생을 함께 친구로 지냈다고 했지만 그건 아니라는 소문이 퍼져있다. 함께 일하고 남부를 연주 다닌 것들은 맞지만 평생 친구로 지내진 않았다는 설인데 확인된 바 없다.

셜리 박사도 영화에서처럼 고독하게 산 것이 아니라, 그의 가족들에 의하면 모임에도 잘 참석했고 가족들과도 왕래가 있었다며 감독의 연출을 반박했다고 한다. 깊이 따져보면 엔딩에 올라가는 사진은 비고와 돈의 모습이 따로 있다. 함께 하지 않았다는 설이 여기에서 추정된다.

이런저런 사설에도 불구하고 영화는 제91회 미국 아카데미시상식에서 작품상과 남우조연상, 각본상을 수상했다. 또한 제72회 영국 아카데미시상식에서 남우조연상을 수상하는 등 다수의 영화제에서 영광을 안았다.

형 my annoying brother, 2016, 한국

수많은 영화에서 형제를 다룬다. 가장 보편적인 시나리오로 가족사가 안전한 이유다.

영화, '파리넬리'는 작곡가인 형의 야망으로 거세를 당한 동생의 이야기다. 형은 수시로 앓아눕는 동생 파리넬리에게 마약을 먹이고 거세는 너를 살리기 위한 수단이었다고 말한다. 파리넬리는 형을 떠난다. 형은 동생의 목소리를 이용해 유럽 전역에 퍼뜨릴 악기로 소유하려 잔혹한 행위를 벌인 것이다. 훗날, 파리넬리는 신의 목소리, 카스트라토로 스페인 마드리드에서 오직 국왕만을 위해 노래한다. 형제의 음악에 대한 열정이 슬픔으로 와 닿는다.

또 다른 영화, '트로이'는 그리스의 스파르타 왕인 메넬라우스는 미케네 왕인 아가멤논의 명령으로 트로이와 억지동맹을 맺는다. 그날 밤, 축제가 벌어지고 있는 사이 아름다운 남자 젊고 매력적인 트로이의 둘째 왕자 파리스가 메넬라우스의 왕비이자 지상 최고의 미인이라는 헬레네

와 사랑에 빠진다.

아가멤논은 전쟁을 선포하고 트로이를 공격한다. 트로이의 장남이며 장차 왕이 될 파리스의 형 헥토르는 전술과 검투실력이 뛰어나다. 하지만 동생의 겁 없는 행동에 혼자 감당하긴 어려운 현실이었다. 그는 동생 때문에 결국 목숨을 잃고 만다. 이렇듯 형은 동생을 위해 어쩔 수 없는 고통을 당하거나 목숨을 내 놓을 수 있는 관계이기도 하다.

영화, '형'에서 사기꾼인 형 고두식도 비록 암으로 세상을 등졌지만 그의 마지막 행위를 보았을 때는 동생을 위해 트로이의 장남 헥토르처럼 목숨도 아끼지 않고 내놓을 수 있는 형이다.

영화를 읽어본다.

유도 국가대표인 고두영(도경수 분)은 경기 도중에 사고를 당한다. 시력을 잃어 실의에 빠져 누워만 지낸다. 부모도 없고 핏줄이란 교도소에 수감 중인 사기전과범 형이 있지만 집과 연을 끊고 산다. 동생의 사고 소식을 접한 형 고두식(조정석 분)은 신이 나서 흥분을 가라앉히기 힘들다. 동생이 눈이 멀거나 말거나 그를 핑계로 가석방의 기회가 주어졌기 때문이다.

시력 잃은 동생을 보살피는 조건으로 정해진 기간 동안 자유의 몸이 된 고두식은 폐허가 된 것 같은 집안으로 들어간다. 형제의 사랑과 전쟁이 시작된다.

감독 권수경의 영화 '형'은 우리 주변에서 일어날 수 있는 일들을 연출한 영상이다. 권 감독의 주변에서도 일어날 수 있고 관객들 누구에게나 있을 수 있는 형제간의 에피소드들이다.

사기를 치고 감방을 들락거리는 자식이나 형제는 가족이라 말하기 싫은 게 인간의 심리일 것이라는 감독의 속내도 우린 동의한다. 감독이 말하고자 하는 의도는 핏줄은 어떠한 상황에서도 같은 방향으로 피가 흐름을 어느 순간에는 깨우친다는 메시지다. 아무리 사고뭉치여도 형제가 위기에 처할 땐 서로 힘을 합쳐 이겨 낸다는 게 형제애다.

예를 들면, 형인 두식은 눈 먼 동생을 위해 하는 게 없다. 욕이나 하고 골탕만 먹이고 있다. 집문서를 들고 나가 고급차를 뽑고 돈을 펑펑 쓴다. 참다못한 동생이 교도소로 전화를 넣으려 하자 그때서야 형은 고분고분해진다. 백화점으로 쇼핑을 간 형제는 우연히 다른 고객과의 부딪침으로 동생이 쓰러지고 싸움이 벌어진다. 경찰서로 잡혀간 그들은 처음으로 형제애를 발휘해 동정심을 유발하고 여유롭게 빠져나오는 장면이 그들을 하나로 묶는다.

이런 시나리오는 상당히 흔한 정황들이지만 그렇다 해도 권수경 감독이 말하는 의미는 주변의 흔한 일들도 다시 돌아보며 되새겨 볼 만한 우리들의 진한 내면들이다. 영화에서 깊은 형제애와 얄팍한 사기범의 야누스적인 형의 역할을 맡은 조정석은 권수경 감독을 늪에서 건져준

수호신과 다름없다. 평범한 연출에서 실망할 관객들을 들었다났다 하는 조정석의 열연에 영화가 추락하지 않았기 때문이다.

영화 '건축학개론'에서 납득이의 신드롬을 낳고 조정석이란 얼굴을 잊지 않게 만든 그는 맡은 배역에서 자신만의 특이한 웃음과 매력을 가감 없이 발휘한다. 그의 연기는 이제 최고봉에 닿아있다고 해도 아깝지 않은 단어다.

아이돌 그룹 '엑소'출신의 도경수는 몇 편의 영화에 출연해 배우로서의 자질을 인정받았다. 선배인 조정석과 호흡이 최상이다. 두영은 사고로 눈이 멀었지만 자존심이 대단하다. 사기꾼인 형이 돌아와 속으론 좋기도 하지만 곧 떠날 것 같은 생각과 앞으로 혼자 남아 살아갈 날들이 절망스럽다. 이런 배역에 부담감도 있었겠지만 커다란 두 눈을 껌벅거리며 형을 소리쳐 부를 때는 관객들에게 눈물을 호소하기도 했다.

영화에서 두영의 코치로 나오는 박신혜 역시 아름다움을 벗어던지고 제자의 고통을 안타까워하는 코치로서 역할을 다한다. 유도를 포기한 제자에게 희망을 주는 끈질김을 보여주고 보이지 않는 눈으로 세상을 살아가게 하기 위한 안전한 장치를 해두려 애쓴다.

영화 '상의원'에서 우아한 중전이었던 그녀는 '형'에서 두영의 유도코치로 최선을 다하는 모습이 또 다른 내면의 아름다움을 표출해냈다.

이렇듯 영화의 주인공들은 꽤 연기를 하는 경력자들이다. 하지만 권수경 감독의 시나리오에 미흡한 점들을 들춰내면 조정석과 도경수의 브로맨스가 사라진다. 때문에 '형'은 깊이 파고들어 볼 필요는 없다. 내 주위의 형제들이나 친구들의 가정에 충분히 일어날 수 있는 일들이기에 관객과 배우와 감독 모두가 공감대를 형성하는 편한 영화다.

스틸 앨리스_{still Alice, 2014, 미국}

기억을 잃는다는 것은 삶이 문을 닫는 것과 같다. 어디서 무엇을 했는지 어떤 일을 해야 하는지, 부모를 알지 못하고 배우자와 자식을 알지 못한다는 것은 크나큰 아픔이다.

영화, '어 웨이 프롬 허'는 40여 년을 함께 한 아내가 알츠하이머에 걸리고 남편은 끝까지 그녀를 지켜주는 순애보적인 영화다. '노트북'도 기억을 잃은 아내 곁에서 영원히 함께한 남편의 처절한 사랑이 있다. 많은 영화에서 이런 무서운 병에 대한 시나리오를 쓰고 있지만 이와 같은 현상은 일상으로 다가오기 때문에 관객들은 좀 더 묵직한 현실감을 안고 보게 된다.

영화를 읽어본다.

대학에서 언어학을 강의하던 앨리스(줄리안 무어 분)는 문득 자신이 무슨 말을 이어가야 하는지 기억이 나지 않는다. 학생들에게 질문처럼 되묻는가 하면 강의 도중에 단어가 자꾸 가물거린다. 아들이 여자 친구를 집으로 초대하고 서로 인사를 나누었지만 식탁에서 다시 인사를 하는가 하면 대화와 상관없는 말을 하기도 한다. 가족들은 엄마의 이상한 행동에 당황한다. 병원을 찾은 앨리스는 오십대에는 잘 걸리지 않는 알츠하이머의 전조증상이라는 의사의 말에 큰 충격을 받는다. 더 놀라운 것은 세 자녀에게도 유전할 확률이 높다는 말에 할 말을 잃는다.

영화, '스틸 앨리스'는 작가 리사 제노바의 동명소설을 영화화했다. 리처드 글랫저 감독이 워시 웨스트 모어랜드 감독과 함께 어렵게 연출한 이 작품은 현대인이면 누구나 두려워하는 치매에 관한 시선이다. 이미 많은 영화에서 치매라는 무서운 난치병에 대한 접근을 시도해왔다.

병에 걸린 사람이나 환자의 주변인들의 고통이 얼마나 심각한 지경인지를 관객들과 공감대를 이루며 반복되었다. 정신을 파괴하는 괴물 같은 '그 무엇'을 처치할 방법은 없다. 현실적으로 치매의 치료법은 없다고 한다.

감독 리처드 글랫저는 우연히 발음에 문제가 있음을 알고 병원을 찾았다가 자신이 루게릭에 걸렸다는 마른하늘에 날벼락 같은 선고를 받는다. 기억을 잃어가고 혀가 굳어가고 온몸의 신경세포가 파괴되는 이런 상황이, 주인공인 앨리스의 처지를 이해하는데 고민할 필요가 없었다. 투병 중에도 글랫저는 자신의 느낌과 과정을 영화에 흡수시킨다. 촬영을 하면서 스스로 움직일 수 없을 만큼 근육이 마비되었고 상황은 많

이 나빠졌다. 배우들과의 문제는 음성전환프로그램을 이용해 대화했고 연출하는 동안 자신의 마음을 주인공 앨리스의 고통과 자신이 느끼고 있는 현재의 감정들과 어울려 그대로 표출되고 있다.

감독은 환자인 자신이 얼마나 극한에 떨고 있는지 그 두려움에 대해 말하고 싶다. 때문에 다른 영화들과 달리 카메라는 환자인 앨리스에게 완전 집중한다. 주변인들의 고통이 아니라 오롯이 환자에게 초점을 맞추고 그의 아픔을 이해하기 위해 노력하게 만든다.

줄리안 무어도 감독의 요구대로 알츠하이머 환자 역할에 도전해 완벽히 소화해낸다. 그녀는 환자들의 심리를 마음으로 느끼기 위해 뉴욕에 있는 알츠하이머 협회와 후원단체 등을 찾아 조언을 받고 환자들과 대화를 나눴다고 했다. 강의실에서 자신이 하고자 하는 말이 생각나지 않을 때의 황당함과 교수답게 학생들에게 질문처럼 되짚어 가는 과정은 병이 진행되어가는 환자 앨리스로 보였다.

모든 영화에서 아무리 주인공의 연기가 뛰어나다해도 조연들의 받침이 없으면 감독의 메시지와 영화의 맛은 살아나지 않는다. 그처럼 줄리안 무어의 열연이 돋보여도 곁에서 밀어주고 토닥여주는 남편 알렉 볼드윈이 없었다면 그저 그런 평범함을 벗어나지 못했을 것이다.

장예모 감독의 영화, '5일의 마중'은 기억을 잃은 아내 평완 위(공리 분)가 5일만 되면 비가 오나 눈이오나 기차역에서 남편을 기다린다. 남편(진도명 분)은 자신을 기다리는 아내를 위해 오지 않을 자신의 젊은 날을 함께 기다려준다. 하늘에선 펑펑 흰 눈이 흩날리고 기차역의 철문은 큰 소리로 닫힌다.

관객들의 기억에 진하게 남은 이 장면에서도 공리의 아픔을 논하기보단 진도명의 열연에 진한 사랑과 아픔을 느끼게 된다. 자신을 몰라보는 아내 곁에서 가까운 이웃처럼 행동하고 돌아서서 가슴을 뜯으며 통곡하는가 하면 아내 곁에서 끊임없이 손발이 되어주는 장면은 앨리스의 남편 존(알렉 볼드윈 분)의 아내에 대한 그 아픈 울음과 꼭 닮았다. 앨리스는 급기야 화장실의 위치를 찾지 못해 바지에 실수를 하게 되고 그런 아내의 모습을 당황스럽게 지켜봐야 하는 존의 고통도 참담할 뿐이다. 환자 곁에서 함께 아픔을 나누고 고통을 겪어야 하는 현실에서도 영화와 다를 게 없다.

어떠한 상황에서도 남편 존의 얼굴은 화내지 않는다. 온화한 눈빛을 보내고 차분한 어투로 앨리스를 안정시킨다. 관객들의 마음도 토닥여 주는 것 같아 평온을 찾을 만큼 볼드윈의 연기가 고수처럼 보인다. 알렉 볼드윈은 관객들이 이 영화를 잊지 않게 만드는 주춧돌과 같다.

줄리안 무어의 앨리스 역은 그녀를 위해 만들어진 것처럼 주인공과 출연자가 하나로 보인다. 차츰 기억을 잃어가는 앨리스의 극도의 불안 감은 자신뿐만 아니라 자식들에게 유전된다는 가능성의 놀라움이 더 크다.

앨리트답게 최선을 다하고 조금의 기억이라도 남아있는 동안 자신이 마무리해야 할 일들을 찾는다. 병증이 심해져서 스스로가 통제하기 힘 들어질 때 그녀는 죽음을 생각한다. 곧 벌어질 자신도 모르는 감정이나 경험들의 분실은 내가 모르는 사이에 내가 벌이는 사건들을 생각하면 끔찍하다. 그런 비참한 모습으로 살기 보다는 죽음이 낫다는 결론이다.

그녀가 생각해낸 것은 컴퓨터로 동영상을 남기는 일이었다. 우연히 이 영상을 보게 되었을 땐 스스로 목숨을 끊을 수 있는 능력이 사라진 뒤였다. 앨리스는 영상이 시키는 대로 위층과 아래층을 수없이 반복하 면서 시도해 보았지만 기억이 돌아서면 사라져 실패로 끝난다.

　감독 리처드 글랫저와 워시 웨스트 모어랜드는 아직은 그녀가 이 세
상에서 살아갈 수 있게 감독 자신의 마음이 그런 것과 같이 좀 더 세상
에서 머물게 하고 싶다. 병마에 시달리는 글랫저는 더 살고 싶지만 떠나
야한다는 것에 대한 아쉬움을 앨리스를 통해 전달하고자 한다.

　미장센이 뛰어난 영화는 리처드 글랫저 감독의 유작으로 남게 됐다.
줄리안 무어는 알츠하이머 환자의 역할에 충실했고 감독이 원하는 어
떤 신도 소화해 냈다. 그에 대한 보답으로 제20회 크리틱스초이스 시상
식에서 여우주연상을, 제35회 런던비평가협회 여우주연상을 비롯해 많
은 상을 수상했다. 영화에 대한 열정을 안고 떠난 리처드 글랫저 감독의

명복을 빈다.

과학자들은 사람을 달나라에 발을 딛게 한지 오래되었고 우주관광까지 머지않은 날에 이뤄질 전망이라고 한다. 수십 년 전부터 영화들은 과거와 미래를 오갔고 '제5원소'를 보면 공중에서 포장마차가 돌아다니고 택시가 고층 아파트에 자연스럽게 세운지 꽤 되었다.

인간의 조그만 뇌에서 벌어지는 '그 무엇'의 존재는 왜 잡지 못하는지 무서운 생각마저 든다. 인간의 뇌가 우주보다 광활한 걸 새삼 느낀다.

빅토리아 & 압둘 victoria & Abdul, 2017, 미국·영국

   지배층과 피지배층과의 간극은 엄청나다. 19세기의 영국과 인도상황은 특히 그랬다. 가장 좋은 예를 들면 영화, '인도로 가는 길'이 있다. 식민지배 하에 있던 인도에서 다양한 사건이 벌어진다. 영국에서만 사는 게 지루한 주인공 아델라(주디 데이비스 분)는 일상을 벗어나 새로움을 맛보기 위해 인도로 간다. 항구에 도착하자 인도인들의 환영행사에 혼란스럽고 시끄러워 짜증이 난다.

   관저 책임자의 초청으로 동양과 서양의 문화교류를 위한 만찬에 참석한다. 식장을 둘러보니 영국인들은 식탁이 있는 자리에 앉아 있고 인도인들은 끝날 때까지 나무에 기대거나 서서 먹고 마신다. 인도 사람이 영국 사람의 옷깃을 만져도 큰 야단을 맞고 무엇이든 함께할 때는 허락을 받아야 한다. 영화처럼 영국과 인도의 당시 상황이 그랬다.

   이런 시기에 지배국의 여왕과 피지배국의 하급관리의 만남은 어불성설이 아닐 수 없다. 역사는 기록을 만들고 있다. 바로 영화, '빅토리아 &

압둘'과 같은 실화물이다.

영화를 읽어본다.

인도 아그라의 교도소 서기인 압둘 카림(알리 파잘 분)은 영국여왕의 즉위 50주년 기념식에 참석하라는 총독부의 부름을 받는다. 얼마 전 열린 카펫전시회에 공을 세운 덕으로 특별히 뽑아주었다는 총독은 다른 부서에서 뽑은 일행과 함께 출발하라고 한다. 키가 크고 잘 생겨야 갈 수 있다고 했는데 함께할 그는 작고 보잘 것 없었다. 애초에 뽑힌 사람이 코끼리 발에 밟혀 갈 수 없어 대신 가게 된 모하메드(아딜 악타르 분)였다.

압둘과 모하메드는 영국 여왕에게 바칠 모후르(인도 금화)를 안고 지배자의 땅 영국에 입성한다. 여왕을 알현하는 날, 솔즈베리경(마이클 갬본 분)으로부터 여왕의 얼굴을 절대 쳐다보면 안 된다는 명령을 받았지만 압둘은 여왕의 눈을 빤히 쳐다본다. 시선이 마주치자 여왕은 첫눈에 그를 마음에 들어 한다.

영화는 실화를 바탕으로 스티븐 프리어스 감독이 영상으로 옮긴 작품이다. 2010년 압둘 카림의 일기가 발견되면서 프로듀스 팀 베번이 촬영감독 대니 코엔과 영화음악의 거장 토마스 뉴먼과 함께 영화화하기로 결정했다. 18세에 등극한 빅토리아는 64년의 통치기간 동안 대영제국의 전성기를 이루며 군주로서 군림하되 통치하지 않는다는 원칙을 세

웠고 영국 최초로 인도제국의 지배자였다.

영화는 압둘이 여왕을 이용해 심각한 정치적 농단에 이르는 내용이라고 생각들 정도로 고난이도처럼 비칠 수도 있다. 하지만 그린 정치적인 문제는 전혀 언급되지 않는다.

감독 프리어스는 압둘이라는 잘 생긴 인도 젊은이와 시대 최고의 여왕인 빅토리아와의 관계도만 설정해 놓은 것 같다. 얼핏 보면 그렇다. 여왕을 감히 쳐다볼 수 없는 지배국의 하급관리가 잘 생긴 인물 하나로 여왕의 마음을 흔들어 놓고 왕실 관리들의 반발을 약 올리듯 하는 상황이 그다지 대단한 시나리오는 아닌 것처럼 비치고 있다.

상영작으로 크게 성공하지 못한 영화 속에는 그럼에도 불구하고 깊이 들여다볼 필요가 있다. 감독 프리어스가 숨겨놓은 많은 메시지가 관객들에게 보물찾기를 선사하고 있기 때문이다. 이 영화가 과연 여왕과 인도청년과의 우정만이 그려져 있는 걸까 하는 의문이 든다.

예를 들면, 우선 빅토리아의 기념식 날 잠자리에서 일어나지도 못하던 여왕은 만찬을 즐기기보단 음식에 과다집중한다. 졸기도 하고 머리에 다른 생각은 전혀 없어 보인다. 때마침 인도에서 온 젊은 하인과 시선이 마주치는 순간 미소를 띠운다.

여왕은 첫눈에 압둘이 마음에 들었다. '잘 생겼군.' 한마디로 압둘의 훤칠한 키와 잘생긴 외모에 마음이 심쿵했다는 의미다. 그건 우정의 시작이 아닐 수 있다. 우정만이 아님을 느낄 수 있는 건 여왕에 대한 행적들이 기록으로 남아 있기 때문에 의아심이 생긴다. 사랑과 우정은 나이가 아무런 문제가 되지 않는 경계 없는 특별한 관계다.

영화, '미세스 브라운'을 보면 빅토리아가 브라운을 얼마나 아끼고 편애했으면 왕실사람들이 여왕을 미세스 브라운이라고까지 불렀을까 하는 생각이 든다. 실제 남편과 사별한 빅토리아는 남편이 아끼던 존 브라운을 마부로 삼아 그가 죽을 때까지 함께 했다.

여기에서 영화, '빅토리아& 압둘'의 관계도가 우정만이 아니라는 그림이 그려진다. 관객마다 생각의 차이가 다르고 대부분의 사람들이 우정으로 표현하고 있긴 하지만 압둘에 대한 여왕의 믿음은 왕실과의 대립도 개의치 않아 존 브라운의 빈자리를 생각해보게 된다.

영화, '미세스 브라운'에서도 빅토리아 여왕은 주디 덴치가 열연했다.

그녀는 전생이 빅토리아가 아니었을까 할 정도의 몰입도를 갖게 만드는 명배우다.

침대에서 아침마다 시종들이 몸을 일으킬 때도 온몸에 힘을 뺀 채 축 늘어져 세상에 살기 싫은 얼굴을 하고 있다. 깊게 패인 주름들과 군주의 자리에서 남긴 시름들이 그녀의 얼굴을 덮고 하루를 시작하는 여왕, 바로 주디 덴치라는 배우가 없었다면 빅토리아라는 여왕의 존재가 진하게 와닿지 않을 것이란 확신마저 든다. 어떻게 저런 표현을 그 나이에

천연덕스럽게 해낼 수 있을까 하는 마음에 경외심마저 드는 진정한 배
우였다.

주디 덴치의 상대역인 압둘의 알리 파잘은 어떤가? 모델 겸 배우인 그
는 영화에서 능청스런 눈빛연기와 진한 미소로 여왕을 휘어잡고 여왕
의 스승이라는 '문쉬'에 오르는 압둘을 연기하고 있다. 아름다운 청년으
로 여왕의 뇌리에 박힌 그는 실제 매력적인 젊은이다. 2015년에 결혼한
유부남이지만 앳되고 순수해 보인다.

압둘 역에서 파잘은 잔잔한 목소리로 코란을 외우며 여왕을 사로잡는
다. 지루하던 왕실 세계에서 새로운 세계에 눈을 뜬 여왕은 압둘의 달
콤한 속삭임에 무굴제국의 역사를 배우고 인도의 상류층이 쓰는 언어

를 배운다. 덕분에 압둘은 '문쉬'가 되어 어깨가 올라간다. 이런 배역들도 알리 파잘이어서 들어맞은 것 같다. 특별한 열연이 아니었어도 파잘의 얼굴과 큰 키, 기름 바른 것 같은 미소가 관객들의 마음도 여왕의 마음도 빠져들게 만드는 게 아닐까 싶다.

파잘과 주디 덴치를 알아본 감독 스티븐 프리어스와 제작진들의 캐스팅이 정확하게 배역과 맞아 떨어졌다는 것도 영화에 대한 열정이 깊다는 것을 알 수 있다

영화의 또 다른 메시지는 압둘과 빅토리아의 많은 대화에서 코란에 대해 설명한다. 곳곳에 선교의 흔적이 묻어나고 그런 압둘을 영국왕실 사람들은 배척한다. 여왕은 마지막 순간에 자식들을 내보내고 압둘을 불러들인다. 코란을 들려주자 회계하듯 여왕은 말한다.

"압둘, 젊었을 때는 죽고 싶었고 죽어가니 살고 싶구나. 사랑하는 나의 아들아!"

그리고 눈을 감는다. 참으로 명언이다. 역사적으로 빅토리아 여왕은 18세에 즉위했다. 64년을 통치하면서 영국의 전성기를 이루었다. 압둘은 여왕이 죽자 왕실로부터 위협이 있었지만 죽지 않고 인도로 돌아왔다. 하지만 8년 뒤에 사망했다.

주키퍼스 와이프The zookeePer's, Wife 2017, 체코·영국·미국

영화, '쉰들러 리스트'를 본 후 폴란드 아우슈비츠에 갔었다. 제2차 세계대전의 흔적이 고스란히 남겨진 곳에는 아직도 가스가 새어 나올 것 같은 가스실이 낡은 시멘트벽을 남기고 존재했다. 소각장을 보면서 가슴이 불타는 진동을 느꼈다.

이중 철조망과 팔을 매달고 고문을 하던 현장, 움직이지 못하게 세워서 죽음을 맞이한 작은 공간들은 그들이 과연 사람이었을까 하는 생각이 들었다.

양심의 가책 따윈 개나주라는 것인지 나치의 만행으로 공포에 떨다간 유대인들의 소지품들이 산더미처럼 쌓여 전시되어 있는 것을 보면서 심장이 멈추는 줄 알았다. 여인의 빨간색 구두와 아무것도 모른 채 따라나섰을 꼬마 신사의 작은 구두와 소녀의 슈즈가 지금도 그렇게 그 자리에 멈춘 시간을 잡고 있었다.

'제2차 세계대전이 일어나고 히틀러의 명령에 독일군이 많은 유대인들을 잡아 화물차에 실었다. 너무 많은 사람들의 열기와 뜨거운 날씨로 아사하는 수가 헤아릴 수 없었다. 실려온 유대인들이 목적지인 폴란드 아우슈비츠에 도착했을 때는 그들의 수가 화물차 한 칸씩 정도는 줄어들었다.'라는 보도의 글귀가 사진과 함께 감방의 벽과 복도에 붙어 전시되어 있다.

영화, '주키퍼스 와이프'는 다른 전쟁영화와는 달리 나치의 만행이 리얼하게 표출되진 않았다. 하지만 그들의 만행에 맞서 싸운 안토니나 부부는 그들만의 전쟁이 아슬아슬하게 그려졌다. 배우들의 소란스럽지 않은 내면의 차가운 연기는 현장의 불안함을 극대화시켜준다.

특히, 안토니나 역의 제시카 차스테인의 열연은 그녀가 이겨내야 할 전쟁과 사람들의 존엄성을 지키기 위해 기꺼이 맞서 싸운 안토니나가 되기에 노력했음을 알 수 있다. 폴란드의 영웅을 떠나서 세계의 모든 관객들도 한 번쯤 되짚어 볼 만한 가치 있는 전쟁 실화영화다.

영화를 읽어본다.

바르샤바에서 동물원을 운영하는 얀(요한 헨델베르그 분)과 안토니나(제시카 차스테인 분)는 평범한 사람들이다. 특이한 동물들과 사육사 가족들은 행복하게 지낸다.

독일에선 히틀러의 광기로 전쟁이 선포되고 폴란드가 첫 희생양으로 점령당한다. 제2차 세계대전이 동물원에 떨어진 폭발음과 함께 시작된 것이다. 동물원은 아수라장이 된다.

독일군은 얀 부부의 동물원에 비밀무기고로 정해놓고 군인들이 경비를 서거나 교대로 들락거린다. 동물들은 폭탄과 나치의 총에 맞아 대부분 죽는다.

이들을 관리 감시하는 나치대장은 루츠(다니엘 브뢸 분)였다. 루츠는 첫눈에 안토니나에게 빠진다. 그는 안토니나의 사랑을 얻기 위해 나름 아량을 베풀기도 하지만 아슬아슬한 줄타기를 하는 것 같다. 안토니나의 이웃사람들은 하나 둘, 게토로 잡혀가고 끝내는 잔인한 학살의 현장으로 이송되어 간다. 부부는 끌려간 이웃들을 한 사람씩 구하며 모험을 한다.

영화의 주인공을 맡은 배우 제시카 차스테인은 폴란드의 영웅 '안토니나'의 행적을 알게 되면서 큰 충격을 받는다. 원작자인 다이앤 애커먼의 소설 '주키퍼스 와이프'를 영화화하는 기획을 다른 기획자들과 협의한다. 각본은 안젤라 워크먼이 맡았다.

그녀는 스스로가 안토니나가 되고 싶었다. 스크린으로나마 실제의 안토니나가 되어 나치에 항거하며 유대인들을 구출하는 상황을 열연해 보고 싶은 마음이 굳어진 것이다.

감독 니키 카로는 특별한 연출을 요구하지 않는다. 제시카는 나치장교 루츠의 마음을 잡고 남편 얀의 불안한 눈길 속에서 힘들게 버티고

있을 진짜 안토니나를 생각한다. 그런 상황 속 이중적인 진한 내면의 고
통과 불안과 그녀만의 초조함을 극대화해나간다.

　예를 들면, 갑자기 쳐들어온 루츠의 방문에 떨리는 마음으로 피아노
를 치며 지하실에 숨어있는 이웃들에게 현재의 위기상황을 알리는 장
면이다. 그녀의 움직임 하나에 관객이 함께 숨죽이고 눈과 귀를 집중시
키는 원동력이 되었다.

　실제, 전쟁 당시 안토니나와 남편 얀은 바르샤바에서 야생동물원을
운영하고 있었다. 그들은 유대인이 아니어서 잡혀가지 않았지만 많은
폴란드 국민이 피해를 입었고 나치들에 의해 잔인한 핍박을 받게 되면

서 자유를 향한 비밀작전이 시작되었다.

이웃들이 유대인이라는 이유로 게토로 잡혀가고 일촉즉발의 위기에 처한다. 대부분 아우슈비츠로 이송돼 가스실에서 떼죽음을 당한다는 소식에 그들을 한 사람이라도 살려야겠다는 마음뿐이었다. 부부는 동물원의 지하실을 이용해 구조 활동을 펼친다.

영화, '쉰들러 리스트'는 스티븐 스필버그 감독이 토마스 케닐리의 원작을 영상으로 옮긴 대작이다. 히틀러의 전쟁광기로 제2차 세계대전이 발발하면서 폴란드는 쑥대밭이 된다.

많은 유대인이 아우슈비츠로 끌려갈 때, 독일인 사업가 오스카 쉰들러도 한몫 챙기기 위해 폴란드로 들어온다. 그는 유대인이 경영하던 그릇공장을 인수한다. 하지만 자신이 고용한 노동자들이 유대인이라는 이유만으로 죽임을 당하고 도시가 공포로 변하자 생각이 바뀐다. 쉰들러는 구조해야 할 명단을 작성해 목숨 걸고 한 사람씩 살려낸다. 쉰들러는 영웅이었다.

'주키퍼스 와이프'의 안토니나는 자신의 동물원이 사람을 살상하는 독일군 무기고로 변해 가는 상황에 몸이 떨린다. 사랑하는 동물들을 함께 보살피던 가족 같은 동료들이 잡혀가고 사방은 총부리를 겨누며 생명을 위협하는 독일군만 가득하다.

안토니나는 친구와 이웃을 사지에서 구해야겠다는 마음을 먹는다. 쉰들러가 그랬던 것처럼 목숨을 건 외줄타기를 시작한다. 기회가 왔다. 그녀에게 첫눈에 반한 독일장교 루츠(다니엘 브륄 분)는 안토니나의 요구에 거의 수긍해준다. 그녀는 루츠를 이용해 게토로 잡혀간 사람들을 구하기로 한다.

쉰들러가 독일장교와 친분을 쌓고 검은 거래를 하면서 자신의 입지를 굳혀간다. 그가 리스트에 오른 사람들을 구해오듯이 안토니나도 루츠의 마음을 이용한다. 동물원에 돼지를 키워 군인들이 먹을 고기를 제공하겠다는 말에 루츠는 흡족해 하며 그녀가 더욱 사랑스럽다.

안토니나는 끌려간 사람들을 하나 둘씩 지하실로 피신시킨다. 남편 얀이 게토 출입증을 받아 음식 쓰레기를 돼지먹이로 거둬 쓰레기 더미 속에 사람을 숨겨 나오면서 지하실은 점점 사람으로 가득 찬다. 이 모든 이야기가 가상이 아니라 당시의 현실이라니 소름이 돋는 공포가 느껴지는 영상이다.

부부는 전쟁이 끝날 때까지 구출작전을 멈추지 않았다. 얀 부부와 마찬가지로 이유 없이 끌려가는 자신의 노동자들을 보면서 독일과 전쟁과 돈에 회의를 느끼는 오스카 쉰들러의 리스트는 한 줄기 생명의 빛이었다.

이처럼 독일인이었어도 양심의 가책을 느끼고 죽음직전에 이른 많은 사람을 살려낸 쉰들러나 유대인이 아니면서 오로지 사람의 목숨을 처

참하게 죽게 내버려둘 수 없었던 안토니나 부부의 행적은 닮은 특수비
밀작전이었다.

　영화보다 더 참혹했을 그날의 순간들은 기록만으로 다 전해지긴 어렵
다. 안토니나를 연기한 제시카 차스테인이나 쉰들러에 빙의됐던 리암
니슨은 연기가 끝나고도 그들의 배역에 힘들어 했다. 그만큼 배우들의
열연은 관객들의 몰입에 큰 영향을 미친다.

　유대인들을 도와주는 행위는 목숨을 내놓아야 했다. 얀 부부는 굽히
지 않고 실천에 옮겼다. 훗날, 이들의 이야기가 알려지면서 폴란드사람
들은 얀 자빈스카 부부를 영웅이라 불렀다.

　사진으로 본 실제 안토니나와 얀은 전형적인 폴란드인이었다. 순수해

보이기도 하고 어딘가 강한 카리스마가 내면에 깔려 있는 것을 느꼈다.

부부의 노력은 폴란드뿐만 아니라 모든 나치 피해자들의 희망이었다.

정유진 영화평론집 5

영화, 또 다른 시선

ⓒ2020정유진

초판 초쇄   2020년 5월 19일

초판 발행   2020년 5월 25일

지은이   정유진

펴낸이   홍순창

펴낸곳   토담미디어
           서울 종로구 돈화문로 94, 302(와룡동, 동원빌딩)
           전화 02-2271-3335, 전송 0505-365-7845
           제300-2013-111호(2003년 8월 23일)
           www.todammedia.com

ISBN   979-11-6249-086-0 *03680